서문문고
023

새로운 사회

E. H. 카 지음

박상규 옮김

THE NEW SOCIETY

by

E.H. Carr

※ 새로운 사회

차 례

제1강 역사적 견지 ·· 5
제2강 경쟁으로부터 계획경제로 ······················· 39
제3강 경제의 채찍으로부터 복지 국가로 ············ 77
제4강 개인주의로부터 대중 민주주의로 ············ 115
제5강 변형된 세계 ······································· 147
제6강 자유에 이르는 길 ································ 179
해 설 ·· 박상규 215

제1강 역사적 견지

한 25년쯤 전인가, 내가 아주 젊고 세상도 지금처럼 이렇게 살기 불편하지 않았던 때 현명한 어떤 노신사가 했던 말이 생각난다. 그 사람 생각으로는 프랑스 혁명은 일대 실패였고, 그 이후 일어난 모든 사건은 그것을 더욱 악화시켰을 뿐이라는 것이었다.

이와 같은 견지는 그때의 나에게는 신기하고도 충격적인 것으로 여겨졌지만, 그 이후 그러한 견지는 거의 평범한 것이 되어 버렸다. 프랑스 혁명—이것을 저 노신사께서는 그 부수 현상인 아메리카 혁명이나 산업혁명과 더불어, 일어나지 않았더라면 더 좋았을 사건의 범주에 포함시킨 것이 확실하지만—이 과연 몰락 과정의 출발점이었는지 아니었는지에 대한 연구는 내 마지막 강연으로 넘기도록 하겠다. 내가 지금 여기서 단언하려는 것은, 어떤 사건이라도 역사상의 출발점이 있는 이상 프랑스 혁명도 어떤 무엇인가의 출발점이라는 점, 그리고 우리가 오늘날 살고 있는 이 '새로운 사회'의 문제들을 이해하기 위해서는 적어도 프랑스 혁명·아메리카 혁명·산업혁명에까지 소급해 볼 필요가 있다는 점이다.

이와 같은 단언은 당연히 현대 세계에 대한 역사적 관찰을 필요로 한다. 현대인은 어느 때보다도 '역사 의식'을 지니고 있다. 현대에 있어서 역사라고 하는 것은, 마치 고대 그리스와 로마의 철학, 중세의 신학, 18세기의 과학과 같은 의미를 지니고 있는 것이다. 투키디데스는 ≪펠로폰네소스 전쟁사≫의 첫머리에서, 전시에서나 평화시에서나 거기에서 자기가 기술하려고 하는 사건은 실로 전무후무한 것이라고 하는 그의 소신을 피력한 바 있다. 그러나 현대 세계에는 더이상 이렇게 완고한 독선적 태도로 돌아가고 싶어하는 마음이 존재하지 않는다.

또한 로마의 회의주의자 루크레티우스의 유명한 논거에, "우리가 태어나기 이전에 흘러간 무한의 과거가 우리 시대와는 아무런 관계도 없다는 것을 생각해 보라. 이 자연의 거울에 비추어 본다면, 우리가 죽은 후의 미래도 역시 마찬가지이다."라고 하는 말이 있지만, 아무리 대담한 오늘날의 합리주의자라도 이런 말에 대해서는 달갑지 않은 충고로밖에 생각하지 않을 것이다.

우리는 시간상으로 우리 자신을 단절시킬 수 있는 힘

을 상실하고 말았다. 이제 우리의 시야는 교정할 수 없을 만큼 역사적인 것이 되어 버렸다. 중세에는 하느님의 뜻을 예시하고 정당화하는 것이 역사의 기능이었으나, 르네상스 이후의 역사는 근대 세계를 고대 세계와 비교하는 데서 새로운 출발을 하게 되었다.

이 고대 세계란 그 이후 타락한 후대 사람들에 의해서는 도달되지 않는 하나의 모범으로서 찬미되었다. 기번(Edward Gibbon, 1737~94, 영국의 역사가)의 걸작은 바로 이 학파의 절정이었다. 그러나 역사를 제자리에 올려놓은 것은 프랑스 혁명에서 비롯된다. 콩도르세(Marquis de Condorcet, 1743~94, 프랑스의 수학자・철학자・정치가)는 감옥에 갇혀 단두대에 오를 날을 기다리면서, 종교의 위안을 거절하고 역사의 편에 서서 《인간 정신의 진보에 관한 역사적 전망의 소묘》를 집필하였다. 여기에서 처음으로 역사라는 것이 미래의 유토피아를 지향해 나가는 하나의 진보적 발전으로서 이해되었던 것이다. 현대사의 시작은, 역사가가 과거에 대해서와 마찬가지로 미래에 대해서도 관심을 갖게 되면서 시작되고 있다. 현대인은 그가 통과해 온 저 희미한 빛 속을 열심히 되돌아보는데, 이는 그 가냘픈 빛이 그가 지금 가고 있는 어둠을 비춰 줄 수 있으리라는 희망에서이다.

이와 반대로, 앞날에 대한 그의 포부와 불안은 과거에 대한 통찰력을 날카롭게 해주고 있다. 미래 의식이 없이는 역사는 존재하지 않는다. 19세기에 합스부르크 제국이라는 큰 덩어리를 만들어 낸 국가들과, 장래의 국가들 중에도 그들의 미래에 무관심했던 '비역사적 민족'이 있었다. 그러나 일단 미래에 대해 포부를 지니기 시작하자 그들은 자기네의 과거사를 발견하거나 또는 창안해 낼 수 있었다. 과거와 미래 사이에는 끊임없는 작용과 상호 영향이 있는 것이다. 과거·현재·미래는 하나의 고리로 얽혀져 있다.

현대사의 탄생은, 지식에 이르는 길이 어떤 법칙과 원리—이 법칙과 원리의 작용이 특수 현상 속에 예시되고 있다—의 발견에 있다고 하는 신념과 밀접하게 관련되어 있다. 이와 같은 신념은 데카르트의 형이상학적 합리주의와 뉴턴의 과학적 합리주의에서 나온 것이다. 이것이 처음으로 역사 연구의 방법으로서 적용되기 시작한 것은 1750년경 프랑스에서였다. 그 당시, 몽테스키외는 《법의 정신》 머리말에서 다음과 같이 말했다. "나는 어떤 원리를 천명해 왔다. 나는 특수 경우라는 것이 자연히 이 원리를 따르고 있음을 알았으며, 또 모든 국가의 역사라는 것이 이 원리의 결과밖엔 안 된다는 것을 보아 왔던 것이다."라고.

19세기에는 이 신념이 하나의 진보 원리로 일반화되어, 진보의 법칙이 역사적 사건들 속에 예시되고 있다고 믿었고, 따라서 역사의 연구는 이러한 법칙을 이해하는 관건이 되고 있었다. 역사적 법칙은 이와 같이 과학적 법칙과 아주 흡사했다.

다윈이 나온 이후에는 이 두 세계의 법칙은 실질적으로 같은 법칙이라고까지 생각되었다. 즉 다윈이, 진화란 생존경쟁을 통해 진행되는 것으로 부적자(不適者)는 탈락되고 적자(適者)만이 생존한다는 사실을 증명한 바 있는데, 이러한 힘은 역사를 통한 인류의 발전에 있어서도 작용된다는 것이 돌연 명확한 사실로 되어 버린 것이다. 역사상의 진보와 자연계의 진보는 동일한 과정의 다른 측면이었다.

심지어 1920년에 이르러서까지, J. B. 베리(John Bagnell Bury, 1861~1927, 영국의 역사가)는 그의 저서 ≪진보의 관념≫ 머리말에서, 진보란 '서양 문명에 생기를 넣어 주고 그 문명을 지배해 온 관념'이라고 말했다.

지적 풍조라는 것도 잘 변하는 법이다. 이 사실은 지

성인도 역시 인간이라는 것을 말해 주는 것이지만, 어쨌든 베리가 위와 같은 말을 한 지 30년 내에, 역사에 있어서의 진보설은 작년에 온 눈이 녹아 없어지듯이 깨끗이 사라졌다. 그리고 그 대신에 성숙한 모든 문명에는 몰락의 자연적 과정이 포함되어 있으며, 이는 현재의 서양 문명에 잘 나타나 있다고 하는 이론이 대두했다. 1918년, 독일에서 오스발트 슈펭글러(Oswald Spengler, 1880~1936, 독일의 철학자)는 ≪서양의 몰락≫이라는 방대한 저작을 출간하였고, 몇 년 뒤 그것은 영역(英譯)되었다. 1934년에 아놀드 토인비(Arnold Joseph Toynbee, 1889~1975, 영국의 역사가) 교수는 ≪역사의 연구≫의 집필을 시작하여 그 중 여섯 권이 1930년대에 출간되었다.(이 ≪역사의 연구≫는 1961년에 〈재고찰〉이 나옴으로써 전 12권이 출판되었다.) 그리고 비록 다른 가설에 입각한 것이라고는 해도, 1949년 ≪그리스도교와 역사≫에 대한 방송 강연에서 버터필드 교수가 내놓은 또 하나의 견해가 위에 든 견해들과 병존하고 있다. 이 견해도 역시 진보설에 대한 반발을 표시하고 있으며 비관론적 내용을 담고 있다.

여기서 우리는 주제의 핵심, 즉 오늘날의 새로운 사회를 출현시키고 있는 과거 150년간의 변화가 보여 준 근본적 성격이라고 하는 문제에 접하게 된다. 따라서 나는 위의 세 사람이 여러 가지 유파를 가진 하나의 큰 학파를 뚜렷하게 대표하고 있다고 보고, 몇 가지 논점을 내가 선택한 이상의 세 사람의 견해와 연결시킴으로써 이야기를 진행해 볼까 한다.

 슈펭글러가 그 중에서도 가장 용이하다. 즉, 그는 항상 명확하다는 말이다. 그토록 어려운 주제를 취급한 심오한 사상가들 중 어느 누구보다도 그는 입장이 명확했다. 슈펭글러는 그가 운명이라고 부르고 있고, 또 그 원인을 틀림없이 결정하고 있는 인과법칙에 순응하는, 이른바 문명이라는 어떤 역사적 유기체가 있다고 믿는다. 슈펭글러의 세계는 그 전제를 받아들이는 한계 내에서는, 도저히 반박할 수 없는 강력하고도 일관성 있는 구성물이다. 그것을 부정할 수 있는 오직 한 가지 방법은, 문명을 발전과 쇠퇴의 고정된 법칙에 따르는 객관적 실체라고 보는 슈펭글러의 이 근본적 신념을 거부하는 것이다. 오늘날 저명한 사상가로서, 독일 이외에서는 이러한 신념을 받아들이는 사람이 없으므로 나는 슈펭글러에 대해서는 더 이상 시간을 소비할 필요가 없을 것 같다. 그러나 그는 현재 유행중인 역사몰락론을 부르짖은 첫 사람으로서 기록에 남을 만한 인물이다.

잘 취하게 하고 기운을 빼앗아 가는 독일 술과 흡사한 슈펭글러로부터, 시원하고 거품이 나며 오래 마실 수 있는 소다수를 탄 것 같은 토인비 쪽으로 돌아서면 한결 몸이 풀린다.

《역사의 연구》에서 토인비는 문명 일반의 진로와 그리고 현대 서구 문명이라는 특수 문명의 진로에 관한 슈펭글러의 일반적 결론은 그대로 받아들이고 있지만, 그는 좀 덜 게르만적인 방법으로써 이같은 결론에 이르고자 한다. 그는 영국의 경험론적 전통에서 출발하여 일찍이 그가 말한 '우리의 믿음직하고 매우 사랑받는 경험적 조사 방법'에 의뢰하고 있다. 이것은 그가 문명이 사실상 어떻게 움직이는가를 연구함으로써, 문명이 작용하는 법칙을 수립하고자 한다는 것을 뜻한다. 그런데 이것은 그가 만일 슈펭글러의 객관적 실체나 유기체로서의 문명관(文明觀)을 같이 쓰고 있다면 충분히 정당한 것이 되리라고 본다. 그러나 이와 같은 견해를 그는 분명히 폐기하고 있다. 현재까지 출판된 책에서 볼 수 있는 한, 토인비에게 있어서 문명이란 것은 역사 현상의 덩어리를 가리키는 명칭에 불과한 것으로서, 역사가는 이것을 한데 묶어서 생각하는 것이 편리하다고 보고 있다.

따라서 이와 같은 주관적 정의는—나의 관점으로는 아주 만족스럽게 여겨지지만—문명이 작용하는 법칙을 발견하려는 어떠한 시도에 대해서도 치명적인 것으로 생각되는데, 내가 이해하기로는 토인비는 이러한 시도를 하고 있는 것이다. 슈펭글러의 결론은 불건전한 전제로부터 논리적으로 귀결된 것이나, 토인비의 전제는 아무리 그 자체에 있어선 건전하다고 해도, 그의 슈펭글러적인 대 건축을 밑받침해 주지도 못하고, 또 그의 펜 끝에서 그토록 거침없이 폭포수와도 같이 흘러 떨어지는 역사적 일반화도 밑받침해 주지 못하고 있다.

나와 토인비의 차이는 그가 역사를 반복적인 것으로 보는 데 반해, 나는 그것을 연속적인 것으로 본다는 점에 있다. 그에게 있어서, 역사는 다른 관계에서만 약간의 변화가 추가될 뿐 몇 번이고 다시 일어나는 동일한 것으로 이루어지고 있는 데 반하여, 나에게 있어서는 역사란 사건의 한 행렬이다. 그래서 이 사건의 행렬에 관하여 거의 확실하게 말할 수 있는 오직 한 가지 사실이 있다고 한다면, 그것은 부단히 움직여 나가고 결코 같은 곳에는 되돌아오지 않다는 것이다.

이 차이는 역사의 본질에 대한 근본사상에 의하여 결정되고 있다. 토인비의 견해는 슈펭글러의 경우와 마찬가지로 거의 2세기 동안이나 역사적 사상이 빠진 역사와 과학의 유추 위에 근거하고 있는데, 이 유추는 허위이다.

과학에 있어서는 '등장인물'이 과거를 의식하지 못하는 존재이거나 또는 생명이 없는 대상이기 때문에 똑같은 드라마가 몇 번이고 다시 반복된다.

그러나 역사에 있어서는 드라마의 반복이 불가능한데, 그 까닭은 제2회 공연 때의 '등장인물'은 예기되는 대단원을 이미 의식하고 있기 때문이다. 즉, 제1회 공연 때의 본질적인 조건은 결코 재구성될 수가 없다.

제1·2차 세계대전 사이에서 어떤 유명한 군사 평론가가 1914년에서 1918년까지의 지상전의 상태를 연구하고, 이런 상태가 아직도 유지되고 있다고 판단하여 다음번 전쟁에서도 방어를 하는 쪽이 공격을 하는 쪽에 대해서 또다시 승리를 거두게 되리라고 예언한 일이 있다. 그의 객관적 추론은 완전히 정확한 것이었을 수도 있으나 그는 한 가지 요인을 빠뜨렸다. 독일 장성들은 제2회 공연에서는 1918년의 불행한 '대단원'을 반복하지 않기로 결심한 것이다. 그리하여 그들은 인과의 연쇄 속에 새로운 요소들을 끌어들일 수가 있었으며, 예언한 것과는 정반대의 결과를 1940년에 낳도록 할 수 있었다.

　과거에 대한 인간의 의식은 역사가 그 자체를 되풀이하지 않도록 방지한다. 19세기 중엽에 이르기까지는, 소위 부르주아 혁명이 서구의 대부분 나라에서 중산층을 집권층으로 만들었다. 여기서 생긴 한 가지 결과는 지배적인 중산층의 신속한 팽창이었으며, 이 결과 역시 마찬가지로 무산계급의 신속한 팽창 현상이 일어났다. 마르크스가 부르주아 혁명의 당연한 귀결로서 프롤레타리아 혁명을 감히 예언한 것은 이런 까닭에서였던 것이다.

　그러나 사건의 이같은 계열이 일단 인간 의식 속에 침투되었을 때, 역사는 그 자체를 되풀이할 수가 없었다. 독일의 중산층은 이 무렵, 앞으로 혹시 있을지도 모를 '대단원'에 대해서 겁을 집어먹고 독일에서 부르주아 혁명극을 공연할 것을 거부하고는, 비스마르크와 절충하는 길을 택한 것이다.

　생각건대 역사에서는 동일한 일이 재발되지 않는다고 할 수 있을 것 같다. 역사와 과학 사이에 유사성이 있다고 볼 수는 있으나, 온갖 형태의 역사순환설은 과거에 대한 인간 의식을 무시하는 기본적인 과오에 빠져 있는 것이다. 과거를 주의깊게 되돌아볼 태세가 되어 있지 않다면, 미래를 현명하게 내다볼 수도 없다. 그러나 이것은 거기에 우리가 따라야 할 법칙이라든가 또는 우리를 인도해 줄 선례(先例)가 있다는 것을 말하는 것은 아니다.

내가 이 강연에서 지난 150년간의 역사에 깊은 관심을 가지고 있다면, 이것은 그때 발생한 일이 다시 일어날 것을 기대해서가 아니다.(이는 역사가 우리에게 교시해 주고 있지 않는 하나의 교훈이다.) 역사는 사건의 한 계열이나 행렬을 다루는 것이고, 그 사건 계열의 절반은 과거에 놓여 있지만 또한 절반은 미래에 놓여 있다. 그러므로 우리가 이 반쪽에 대해서 관심을 갖지 않는다면 다른 반쪽에 대해서도 올바른 이해를 갖지 못할 것이기 때문이다.

버터필드는 역사의 진보설에 대하여 슈펭글러나 토인비만큼 강렬한 반발을 보이면서도 좀더 원대한 성과를 거둔 사람이다.

슈펭글러와 토인비는 19세기 말에 독일에서는 형이상학적으로, 영국에서는 경험론적으로 제창되었던 진보설을 취하여 이것을 별로 힘들이지 않고 기본적인 변경도 가하지 않은 채, 몰락설(沒落設)로 바꾸어 놓고 있다. 그러나 버터필드는 19세기와 계몽기를 뛰어넘어, 우리를 섭리적 역사관에까지 이끌어 간다.(기독교적 역사관이라기보다는 오히려 섭리적 역사관이라고 하는 것이 더 공정할 것 같다. 왜냐하면 오늘날 대부분의 기독교인이 하느님의 간섭으로 항성(恒星)의 진로가 변경된다고는 믿지 않는 것처럼, 다수의 기독교인이 역사의 조류에 하느님이 끼어들어 작용한다는 것도 믿지 않을 것이기 때문이다.)

버터필드는 그 이전의 액턴(John Acton, 1834~1902, 영국의 역사가)과 마찬가지로 19세기의 진보를 하느님의 섭리로 인정하려고 하고 있다. 그러나 현대는 그에게 오히려 역사에 있어서의 심판의 시대로 비쳐지고 있다. 그는 "역사상 가장 엄한 하늘의 심판이, 마치 자기네가 지상의 왕인 것처럼 마음대로 모든 일을 지배할 수 있다고 생각하는 자들, 자기들 자신에 대해서 뿐만 아니라 먼 장래에 대해서도 섭리를 희롱할 수 있다고 하는 자들 위에 떨어지고 있다."고 기술하고 있다. 그런데 이 말은 나폴레옹이나 히틀러 같은 인물에 대해서 뿐만 아니라, 국제연맹의 창설자들이나 혹은 이와 같이 지상 천국을 건설해 보려고 생각하는 이상주의자들에 대해서도 공격하고 있는 것이다.

그러나 이 점에 대하여 나는 감히 두 가지를 지적해 볼까 한다.

첫째는, 나폴레옹에 대해서 그토록 가혹하게 내려졌고 또 최근의 죄인들 위에 그토록 혹독하게 떨어졌던 역사의 심판이 1815년에서 1914년에 걸친 기간 동안에 그와 같은 죄를 범한 자들 위에는 어째서 그토록 가볍게 내려졌는가이다.

둘째는, 이와 같은 것을 정확히 측정할 수는 없겠지만, 근세사상 최대의 심판이 강제 수용소와 가스실에서 전멸된 6백만 내지 8백만의 유태인들 위에 떨어졌다는 사실을 생각지 않을 수가 없다.

그런데 만일 이런 것이 심판에 의한 벌이 아니라, 의외로 수난을 당하게 된 경우라고 한다면, 역사에 있어서 하늘의 심판이라고 하는 이 개념은 한층 더 곤란한 것이 되리라고 본다.

항성의 운동이 섭리의 개입에 있다고 믿는 생각이 진정한 천문학과 조화를 이룰 수 없는 것과 마찬가지로, 이에 못지않게 역사적 사건에 섭리가 개입된다고 보는 생각도 진정한 역사와 조화되기가 어려울 것이다. 현대적인 의미에서의 역사는 섭리의 개입이라는 신념이 폐기된 바로 그 순간에 나타나는 것이다.

이 사실은 토인비나 버터필드가 다 같이 제 길을 벗어난 것같이 보여지는 또 다른 면에 주의를 돌리게 한다. 이 두 사람은 인간의 악이라는 주제에 대하여 열변을 토하고 있다. 버터필드가 특히 걱정하고 있는 것은 모두가 인간성을 너무 존중하지 않는다는 것이다. 그는 외관상 선한 인간 행위 속에는 대개 죄악이 섞여 있다는 점에 대하여 적절하고도 날카로운 논평을 가하고 있다. 인간이 자주 극악스러운 때가 있음을 부정할 생각은 없다. 선과 마찬가지로 악도 역시 사람이 행하는 거의 모든 일의 구성 요소가 되고 있으며, 특히 사회적인 동물로서 그가 행할 수 있는 모든 일에 포함되어 있지 않을까 한다.

그러나 이런 것은 여기서 소용없는 이야기이다. 우리의 문제는 1815년과 1914년 사이에는 어째서 인간이 어느 정도 예절을 지켜 가며 대규모적인 상호 파괴 없이 그들의 정치적 업무를 수행해 나가는 데 성공했으며, 1914년 이후엔 어째서 증오와 편협, 잔학과 상호 살육이 대부분의 세계에서 다시 정치 행위의 주성분이 되었는가 하는 두 가지 이유를 찾아내는 일이다.

오늘날의 인간은 남녀를 막론하고 개개인이 더 악해졌다거나, 또는 그들이 백 년 전보다도 특별히 더 잔학하고 더 공격적이지 않은가 하고 생각하지만, 그것은 사실과 다르다. 만일 그들이 그렇게 악하지가 않다면,

우리는 지난 40년내에 일어난 일에 대한 다른 어떤 설명을 분명히 찾아내지 않으면 안 될 것이다.

나는 마르크 블로크(Marc Bloch, 1886~1944, 프랑스의 역사가)의 미완의 명저 ≪역사의 변명(Apologie pour l'histoire)≫에 나오는 한 이야기를 인용해야겠다. 과학자들은 공기중에 산소가 없으면 불은 일어날 수 없다고 말한다. 내 집에 불이 붙어 타들어갈 때, 가령 내가 토인비나 버터필드 교수를 찾아가 화재의 원인을 규명해 달라고 한다면, 그들은 공기 가운데 산소가 있기 때문에 그 불이 일어났다고 설명할 것이다.

이 설명은 수긍이 가는 것이며 또 정확한 답변이라고 하겠다. 그러나 그것이 화재 감정인을 만족시키는 설명은 못 되리라고 본다. 이와 마찬가지로, 최근의 참화를 인간악에 돌리는 것은 역사가의 마음을 만족시키지 못하는 일이다.

지금까지 내가 논한 견해들은 모두 넓게 말해서 객관적이고 과학적인 데이터에 상응하는 객관적인 사실의 존재를 요청하고 있다. 우리 모두가 우리 자신의 가정을 가지고 역사에 접근한다는 것을 알고 있는 버터필드까지도 아직껏 '구체적인 외적 증거에 의해서 확립될 수 있는 것'이라든가, 또는 '우리가 기독교도이든 마르크스주의자이든 상관없이 타당해야 하는 것'을 말하고 있는 것이다.

정복왕 윌리엄 1세가 잉글랜드에 상륙한 확실한 날짜와 장소, 트라팔가나 유틀란트의 해전에 참가한 군함의 수와 화력, 어느 시기에 있어서의 그 나라의 인구·산업·무역의 통계 등, 이와 같은 것들은 의심할 여지없이 물론 존재한다. 이러한 것들이 역사에 대하여 갖는 관계는 벽돌이나 철근 콘크리트가 건축에 대하여 갖는 관계와 같다. 그것들은 확증되어야 하고 감별되어야 하며 또 검증되어야 할 필요가 있는 사실들이다. 따라서 역사가는 가짜 자료를 이용하고 있다고 비난받아서는 안 될 것이다.

그러나 그러한 자료라는 것이 그 자체가 '역사상의 사실'은 아니다. 그것을 '역사상의 사실'로 만드는 것은 오직 그것을 이용하려고 하는 역사가의 결의에 달려 있는 것이다. 즉 그것은 오로지 그의 목적에 중요한 것이라는 역사가의 확신에 달려 있는 것이다. 기독교파의 역사가와 마르크스주의적 역사가가 어떤 사실에 관해서 의견을 같이한다는 것은 별로 대단한 일이 아니다. 문제가 되는 것은 어느 사실이 중요하고, 어느 사실이 '역사상의 사실'인가 하는 문제에 대해서 그들의 의견이 일치하고 있는가, 아니면 의견을 달리하고 있는가 하는 문제이다.

미국의 저술가 칼 베커(Carl Becker, 1873~1945, 역사학자)는 이렇게 말하고 있다. "역사상의 사실은 역사가가 그것을 창조하기까지는 어떤 이에게도 존재하지 않는다."고. 이러한 사실들에 대한 역사가의 선택과 배열, 그리고 역사가의 인과에 대한 견해를 나타내는 이런 사실들의 정리는 전제에 의해서 결정될 수밖에 없는 것이다. 따라서 이러한 전제는 역사가가 그것을 의식하든 안 하든 상관없이 그가 수립하고자 하는 결론과 밀접하게 관련될 것으로 생각된다.

로마 제국의 몰락과 붕괴를 서술하는 기독교 역사가는 야만과 종교의 등식을 수립하고자 하는 역사가와는 다른 사실을 선택하고 또 그것을 다른 방식으로 정리할 것이다.

경제적 요인의 우위를 신봉하는 역사가는, 다른 역사가에게는 역사와 관계가 없는 시정의 한 사건에 지나지 않는다고 여겨지는 통상 관계나 재정적 거래 같은 것을 중요시 하여 따로 떼어 놓을 것이다.

역사적 추이(推移)의 성질을 '역사상의 사실'의 연구를 통하여 규정할 수 있다고 보는 이 관념은 이처럼 불가피한 순환론에 걸려들고 있다. 역사상의 사실은 역사적 추이에 대한 진단과 동시에, 이 진단의 본질적인 일부로서 나타난다. 사실은 이 진단에 앞서 독립적인 실체로서 존재할 수는 없는 것이다.

그러므로 역사는 역사가와, 그리고 이 역사가가 쓰고 있는 과거와의 상호 작용의 전말이다. 사실은 역사가의 정신을 형성하는 데 도움이 된다. 그러나 역사가의 정신은 또한 본질적으로 이 사실을 형성하는 데 기여하고 있는 것이다. 역사는 과거와 현재의 대화이므로, 죽은 과거와 산 현재의 대화가 아니라, 산 현재와 역사가가 현재와의 연속성을 확립함으로써 다시 살게 하고 있는 과거의 대화이다.

따라서, 이 방면의 학자들 가운데 나에게 가장 영향을 많이 준 사람은 콜링우드(R.G. Collingwood, 1889~1942, 영국의 철학자)로서, 그는 이와 같은 연속성과 상호 작용의 과정을 누구보다도 강력히 주장해 온 사람이었다. 이젠 낡은 문제이지만, '역사'라는 낱말은 그 어원으로나 본래의 용법으로나 역사가에 의해서 수행된 연구를 뜻하는데, 통속적인 용법에 따라 역사가가 취급하는 자료, 즉 사건 계열 그 자체를 의미하는 것으로 넘어간다면 곤란한 일이다. 왜냐하면 이와 같은 의미로 쓰게 되면, 그것은 역사가 사가(史家)의 정신과는 독립적으로 존재하는 것이라는 오류를 범하도록 더욱 부채질하는 것이기 때문이다. 이 통속적 용법은 소위 역사의 '형(pattern)'에 관한 생각을 혼란케 하는 것이기도 하다. 말할 것도 없이 한때 피셔(H.A.L. Fisher, 1865~1940, 영국의 역사가)가 제창한, 그리고 현대의 다른 사가들도 암암리에 주장하고 있는 것으로 생각되는 '형(型) 없는' 역사의 개념, 즉 일관성이 없기 때문에 현재에 대해선 아무런 의미도 갖지 못하고 논리에 맞지 않는 서술로서의 역사관을 나로서는 절대로 배격하고 싶다.

그러나 이렇게 말한다고 해서 내가 슈펭글러나 토인비의 견해와 같은, 사건 자체에 '형'이 내속한다는 견지를 취한다는 뜻은 아니고, 또 그렇다고 해서 내가 버터필드의 견해와 같은, 불가해한 섭리에 의해서 꾸며진 형을 취한다는 뜻도 아니다. 나에게 있어서, 역사의 '형'은 역사가에 의해서 진술되고 있는 바로 그것이다. 역사는 그 자체가 형으로서, 역사가는 이 형으로 그의 자료를 빚고 있다. 즉 형 없이는 역사란 있을 수가 없는 것이다. 형은 정신의 산물, 즉 과거의 사건에 대하여 작용하는 역사가의 정신적 소산에 지나지 않는다.

역사의 형이 역사가의 머릿속에서 형성되며, 또 그것

이 역사가가 서술하고 있는 사건에 의해서 뿐만 아니라 그가 살고 있는 세계에 의해서도 형성된다고 하는 이 견해는 상당한 경험적 증거에 의해 지지를 받고 있다.

따라서, 전문적인 역사가라고 해도 어떤 때는 아직도 말을 부주의하여 객관성 운운하는 때가 있지만, 이제는 역사적 저술이 모두 '조건부'의 성격을 가지고 있다는 것은 거의 평범한 일이 되었다.

역사적 세계의 창조자들도 이 원칙에서 벗어나지 않는다. 19세기의 체계들에 영향을 끼친 진보의 관념과 좀더 최근의 체계들에 영향을 주고 있는 순환 운동과 몰락의 관념도 분명한 과거에 대한 냉정한 분석에서 유도된 것이 아니라, 현대 상황의 감정적인 영향에서 생긴 것이었다. 세부에 있어서까지 이러한 체계는 그것을 구성하는 사람들의 특수한 편견을 반영하고 있다.

헤겔은 역사적 과정의 완결을 프로이센 국가에서 찾았으며, 스펜서는 빅토리아조 승기에 영국의 자유 무역·자유 경쟁·자유 계약에서 그 극치를 발견했다. 슈펭글러의 저작이 그렇게까지 엄청난 인기를 모은 것은, 이 책이 그의 동포들에게 1918년 독일의 전락이 예정된 '서양 몰락'의 일환이라고 볼 수 좋은 기회를 제공했기 때문이다.

연달아 출간된 토인비 교수의 ≪역사의 연구≫를 특징지어 주고 있는 서양 문명의 장래에 관한 농도 짙은 비관론은 영국 정책의 약점과 실패에 관한 1930년대 사람들의 불안이 점점 증대해 감을 반영하고 있다.

각성된 인간 집단은 그들 자신의 경험에 보편적 의의를 부여하려고 하는 인간의 자연적 경향을 지니고 있는 법이다. '형'은 사건 자체에 내재하는 것이 아니라, 그것은 역사가의 의식과 경험으로부터 사건에 부여되고 있는 것이다. 그러나 형은 현재에 대한 역사가의 견해에 의해서라기보다도 미래에 대한 그의 견해에 의해서 결정되고 있다.

과거와 미래는 시간의 두 본질적인 차원이다. 현재는 과거와 미래로 이루어지고 있는 하나의 연속선상에 움직이는 극소한 일점에 불과하다. 과거에 대한 역사가의 견해를 형성하는 것은 이처럼 현재의 현실보다도 오히려 미래에 대한 예상이다.

매콜리(Thomas Macaulay, 1800~59, 영국의 역사가·정치가)와 19세기의 계승자들은 당시의 상태에 대한 만족에 의해서가 아니라, 장래에는 사태가 한층 호전되리라는 확신에 의해서 영향을 받았던 것이다. 현대의 역사 몰락론도 우리가 현재 당면하고 있는 곤란을 숙고했다기보다도 사태가 점점 더 악화되고 있다는 신념에서 나오게 된 것이다. 중요한 것은 방향 감각이다.

뿐만 아니라, 과거에 대한 판단의 규준으로서 미래를 강조하는 것은 아주 논리적이다. 어떤 중국의 역사가가 프랑스 혁명을 어떻게 생각하느냐는 질문을 받았을 때, 그렇게 최근에 일어난 사건에 관해서 진정한 역사가에게 의견을 구한다는 것은 무리라고 대답한 이야기는 일리가 있다. 매콜리는 19세기를 진보의 세기로 본 데 대해서, 슈펭글러와 토인비는 몰락의 세기로 보았다.

우리가 비록 진보라고 하는 것을 상식적인 일반 견해로 생각하여 엄밀한 정의를 내리려 하지 않는다 하더라도, 오늘날 우리에겐 솔직히 말해서 어느 견해가 옳은지를 결정할 방도가 없다.

우리의 자손들은 19세기를 인류 문명에 위대한 새로운 시대의 시작이라고 판단할 것인가, 아니면 인류 문명의 종말의 시작이라고 판단할 것인가? 그들이 19세기에 대해서 어떻게 생각할지 우리는 알지 못한다. 그것은 20세기의 역사가 아직도 진행중에 있다는 이 단순한 이유 때문이다. 기원 2000년의 역사가는 판단을 내리기에 좀더 나은 입장에 서게 될 것이다. 그러나 그렇다고 해서 우리가 그 판단을 받아들일 필요가 있을

까? 특히 그의 판단이라는 것도 기원 2500년의 역사가에 의해서는 우습게 뒤바뀔 수 있다고 볼 때 말이다.

근대에 들어오면서 로마사의 형태는 거의 한 세대마다 변화를 받아 왔다. 기본은 철인군주 마르쿠스 아우렐리우스(Marcus Aurelius, 121~180, 로마의 황제)를 영웅으로 보았으나, 폭군을 미워하고 웅변을 좋아한 프랑스 혁명 시대에는 카토(Cato, 기원전 95~46, 로마의 정치가)와 브루투스(Brutus, 기원전 84경~43, 로마의 정치가)에게서 로마의 위대성의 절정을 보았다. 그런가 하면, 적자생존의 원칙을 발견한 19세기 후반에 이르러서는 카이사르를 택하였다.

또 기획과 대규모 조직이라고 하는 문제에 대하여 관심이 예민해진 근년에 와서는 아우구스투스(Augustus, 기원전 63~기원 14, 로마의 황제)의 공적을 알아차리게 되었다. 로마 문명의 몰락이 언제 시작되었는가 하는 문제는—어째서 몰락했는가 하는 좀더 자극적인 문제는 별도로 하고—아직도 역사에 의해서 결정이 내려져 있지 않다. 이와 마찬가지로, 2000년 후에 19세기에 대하여 내리게 될 판단이라는 것도 오늘날과 똑같이 불확실한 것이 될 것이다.

역사가는 비행기 위에서 행진중인 행렬을 내려다보는

관측자와 같다. 비행기의 속도·고도·방향과 그리고 이 행렬의 움직임 사이에는 일정 불변하고 확실한 관계가 없기 때문에, 자꾸 변하여 눈에 익지 않은 조망이 입체파의 그림에서처럼 속속 나타나게 된다. 이러한 조망이 전부 허위라고도 말할 수 없지만, 또 전부 진실이라고도 말할 수 없다. 정지된 관측자가 어떤 고정된 점에서 기록하려고 하는 정적 역사관은 그릇된 것이다.

이와 같은 고찰에 비추어서, 내가 말하는 역사적 견지란 무엇인가, 그리고 또 우리가 당면하지 않을 수 없는 문제에 그것이 어떻게 적용된다고 생각하는가, 하는 것을 여기서 요약해 볼까 한다.

역사는 하나의 연속적인 선에 과거와 미래를 연결시키려고 하는 것으로, 역사가 자신은 이 선을 따라 부단히 움직이고 있다. 그러므로 우리가 과거에 대해서든 미래에 대해서든 역사로부터 어떤 절대적 판단을 끌어낸다고 생각해서는 안 된다. 역사는 그 성질상 그러한 판단을 내리도록 하는 것이 아니다. 모든 인간의 판단은 인간의 모든 행위와 마찬가지로 결정론과 자유 의지의 논리적 딜레마에 말려들어 있다. 인간은 그 행위에 있어서나, 판단에 있어서나, 먼 과거에까지 미치는 인과관계의 연쇄에서 풀려날 수 없을 만큼 묶여 있지만,

그러나 어떤 주어진 점, 즉 현재에서는 이 연쇄를 풀고 미래를 변화시킬 수 있는 한정된 어떤 힘을 지니고 있는 것이다.

상식적인 언어로는 인간은 스스로 결정하고 판단할 수가 있지만, 그러나 그것도 오직 어떤 점까지의 것에 국한되고 있다. 왜냐하면 과거라고 하는 것이 여러 가지로 인간의 결정과 판단을 한정하고 규정하기 때문이다. 우리의 판단이 전혀 변경할 수 없을 만큼 제한되어 있다는 것을 시인함은 도덕적·지적 파산에 대한 변호가 되며, 이것은 또한 너무나 쉽게 지적 유행—19세기에 있어서의 진보에 대한 신앙과 20세기에 있어서의 몰락에 대한 신앙은 가장 두드러진 예이다—에 맹종하는 것에 대하여 우리를 지키기 위한 최선책도 되는 것이다.

물론 영국이나 서구, 혹은 이른바 서양이라고 하는 것이 가까운 장래에 내부나 또는 외부로부터의 급격한 어떤 대변동 속에서 멸망될 운명에 부딪힐 수도 있다는 것은 가능한 일이다. 그러나 이같은 가능성을 불가피한 것으로 받아들이는 것은 어느 유명한 표현을 빌려 말한다면, '지성인의 배신'이 되리라고 본다. 확실히 역사는 한 '국가'나 또는 한 '문명'이 완성의 시기를 지나면, 어떤 단계에 가서는 시들어 멸망할 운명에 있다고 하는 것을 결정하는 예정된 모형 같은 것으로 나타내 보일 수는 없다.

또한 '서양 문명'이라고 불리는 단일체가 존재하고 있는데, 그 운명이 어디에서나 한결같은 동일한 코스를 따라가리라는 것을 가정하는 데 대하여 역사는 어떠한 근거도 제공하고 있지 않다. 오늘날 서양 문명권 내에 있는 몇몇 집단, 또는 국가가 몰락할 운명에 있다고 하더라도 그 중에서의 다른 집단이나 또는 국가에서는 이것을 새로운 완성의 길로 밀고 나갈 수 있는 정력과 능력을 지닌 선구자들이 아직도 나오고 있을지 누가 알랴! 아무튼, 그것이 불가능하다고 말할 증거가 역사에는 없다. 문명이나 국가에 대하여 장엄한 역사적 판단을 내리는 일은 종종 그러한 판단을 낳은 집단의 파산을 입증할 뿐일 때가 있다.

우리를 과거의 처참한 제물로 만드는 이 회고적 견지는, 현재의 위기의 가장 심각한 징후 중 하나이다. 우리가 직면하고 있는 위험은 백 년도 더 전에 알렉시스 드 토크빌(Alexis de Tocqueville, 1805~59, 프랑스의 역사가·정치가)이 그의 ≪아메리카의 민주주의≫ 서문에서 다음과 같이 진술하고 있다.

"우리 시대의 기독교국은 가장 불안한 광경을 나타내고 있는 것처럼 보인다. 이러한 나라들을 밀고 나가는 충동은 너무도 강해서 그것을 저지시킬 수가 없지만, 그러나 아직은 그것이 그렇게 인도할 수 없을 정도의 빠른 속도는 아니다. 그들의 운명은 그들의 수중에 있다. 그러나 조금만 지나면 그렇게 되지 않으리라. 오늘날, 우리의 정무(政務)를 지도해 가는 사람들에게 부과된 제1차적인 의무는 민중을 교육하고, 가급적 그 신앙을 열렬하게 하며, 그 도덕을 순화하고 그 의욕을 지도해 가며, 그 무경험 대신에 비즈니스의 지식을 갖도록 하고, 그 맹목적 경향 대신에 참된 이익에 관한 지식을 갖도록 하며, 정치를 시간과 장소에 맞추어서 그것을 그 시대의 사건과 인물에 따라 변경시키는 일이다. 새로운 세계에는 새로운 정치학이 필요하다. 그러나 이것은 바로 우리가 가장 생각하지 않고 있는 것이다. 급류의 한가운데에 들어가 있으면서도 우리는 우리가 이미 떠나온 먼 해안의 아직도 보일지 모를 폐허에 완고하게 눈을 고정시키고 있지만, 한편 격류는 우리를 쓸어내려 심연으로 몰아가고 있다."

이 말은 지금 이 연속 강연의 모토와 같은 구실을 할 수 있을 것으로 생각된다. 이 강연을 통하여 나는 우리가 목표로 삼고 향해 나가는 해안에 대한 전망보다도, 오히려 뒤에 남겨 놓고 온 폐허에 향수의 눈을 보내는 사람들과 끊임없는 전쟁 상태에 있게 될 것이기 때문이다. 그런데 이 향수 중에도 음흉한 현대적 형태의 한 가지 향수는 지성인이 소위 '중립'을 선언하는 것이다. 이것이 유명한 상아탑이라고 하는 것이고, 이것의 특색은 창문이 모두 과거의 폐허 쪽으로만 열려 있다는 점이다.

오크쇼트(Michael Joseph Oakeshott, 1901~?, 영국의 정치학자) 교수는 최근 정치 교육에 대한 강의를 시작하는 자리에서, 정치의 세계는 '한없이 넓고 한없이 짙은 망망대해'여서 '피난처도 정박처도 없으며, 출범항도 지정된 목적지도 없으니', 정치가에게 주어진 유일한 과제는 '언제나 배를 수평으로 떠 있도록 하는 것'뿐이라고 기술했다. 배가 어느 항구로 가는지도 알지 못하고 또 그런 것은 아예 걱정도 하시 않고 배를 언제나 떠 있게 한다는 것은 너무나도 인간의 노력을 값싸게 보는 것이라고 생각된다.

그것은 또한 절망적인 필사적 위기에 처해 있는 경우를 제외한다면, 인간이 실제로 행동하는 바를 정확히 묘사한 것이라고도 할 수가 없다. 인간의 노력은 약할 때도 있다. 그리고 인간의 야망은 엄청나게 크게 생각될 때도 있다. 이런 것들은 인간의 대사업을 성취시키는 원료인 것이다. 그런데 오늘날 우리는 야망이 너무 많아서 고통을 받고 있는 것이 아니라, 야망이 오히려 너무 적어서 고통을 당하고 있다.

그러나 이 점에서는 기독교도의 인텔리도 회의파의 인텔리와 같은 입장에 서 있다. "그리스도에 매달려라. 그리고 그밖의 것에는 전혀 관여하지 마라."고 버터필드는 그의 저서의 말미에서 말하고 있다. 그런데 내가 올바로 이해하고 있다면, 오크쇼트의 견해도 단어 한 자만 바꾸어 "전통에 매달려라. 그리고 그밖의 것에는 전혀 관여하지 마라."고 하는 똑같은 말로 요약될 수 있을지 모르겠다.

그러나 지성인은 현재의 난국에 '전혀 관여하지 않은 채' 있을 수도 없고, 또 그렇게 있어서도 안 된다. 그들은 사실상 관여하지 않고 있지도 않다. "철학을 넘어뜨리는 것이 정말로 철학하는 것이다."고 파스칼은 썼다. 이데올로기 전체를 파기하는 것은 자기 자신의 이데올로기를 수립하는 것이다. 중립이라든가 또는 사회 불참을 선언하는 일은 토크빌이 '새로운 세계에 필요하다'고 본 '새로운 정치학'을 거부하는 것이나 마찬가지이다.

이러한 선언을 하는 자는 모래에 머리를 파묻는다기보다는 죽은 이데올로기의 묘지에 머리를 파묻고 있는 것이다.

그러나 우리가 결정론과 회의론의 유혹을 이겨 낸다고 해도, 너무 쉽게 유토피아의 감언에 속아넘어가는 데 대해서도 우리는 주의하지 않으면 안 되겠다. 유토피아 사상은 과거를 부인하는 것을 의미한다. 그것은 역사의 타당성을 부정하고 그 대신에 희망적인 몽상에 빠져든다.

이를테면, 조지 3세(George Ⅲ, 1738~1820, 영국 왕)가 아메리카 식민지를 잃지만 않았더라면, 내연기관(內燃機關)이나 원자폭탄이 발명되지 않았다면, 또는 케렌스키(Aleksandre Kerenskii, 1811~1971, 러시아의 망명 정치가)가 1917년에 볼셰비키를 때려눕히기만 했더라면, 하고 생각하는 것과 같은 것이다. 이러한 공론은 진정한 역사에는 들어올 수기 없고 주간지의 퀴즈란에나 들어갈 성질의 것이다.

미래를 그릴 경우, 유토피아 사상은 과거와의 혈연적인 또는 인과적인 관련성이 조금도 없는, 따라서 실현 불가능한 가공적 국가를 건설하는 것이다. 건전한 정신을 가진 역사가라면, 결정론자라는 낙인이 찍히더라도 이런 종류의 희망적인 꿈이나 공론 또는 공중 누각을 거부하지 않으면 안 된다. 만일 군주정치를 최선의 가능한 정치 형태라고 믿는 사람이 있어, 미국에 군주정치를 부활시키기 위한 운동을 벌이려 한다고 말한다면, 나는 그에게, 과거 150년의 역사가 그대의 뜻을 반대하고 있기 때문에 공연히 시간만 허비할 것이라고 말해 주겠다.

그러나 이렇게 말한다고 해서 내가 결정론자가 되는 것은 아니다. 역사가의 기능은 과거를 재형성하거나 개혁하는 것이 아니라, 그것을 받아들여 그 속에 의미가 있다고 생각되는 바를 분석하고 우리가 살고 있는 사회에서 일어나고 있는 근본적 변화와 그 배후에 있는 먼 옛날부터의 과정을 취하여 명백히 밝히는 일이다.

따라서 그렇게 하면, 이러한 변화에 의해 생겨나는 현세대의 여러 문제를 해결할 수 있는 방법에 대해서도 어떤 견해가 생겨날 수 있을 것이다.(이러한 견해라고 하는 것은 비록 그것이 의식되지 않을 때라도 존재하고 있기 때문에 그것을 의식적으로 인식하고 잘 음미하여 공표하는 편이 훨씬 낫다.)

역사가는 이중적인 일을 한다. 즉, 하나는 현재와 미래는 과거로부터 나오는 것이기 때문에 현재와 미래의 견지에서 과거를 분석하는 것이다. 또 하나는 현재와 미래를 지배하는 문제점에 대해서 과거의 빛을 투사하는 일이다. 역사가의 목표와 목적을 결정하는 것은 역사 외에 그 기원을 가지고 있는 가치이다. 왜냐하면 이 가치가 없다면, 역사 자체도 무의미하게 되기 때문이다. 즉, 행동을 위한 행동이나 변화를 위한 변화의 단순한 계기가 되어 버리고 말기 때문이다.

그러나 이러한 가치를 정책으로 옮기는 일은 역사적으로 제약되어 있으며, 또 역사적 방법에 수반되는 모든 결함을 면할 수가 없다. 또한, 정책을 특정한 역사적 상황에 적용하는 일도 그 상황의 이해와 수용에 밀접히 관련되어 있는 것이다.

정치 문제의 유토피아적 해결을 제의하고 나오는 선의의 개혁자들은 그들이 자신들의 이상을 정책면에 나타낼 경우, 얼마나 사리(私利)가 개입되고 있으며, 또 그것을 적용하는 데 관련된 역사적 문제점이 얼마나 복잡한 것인가를 일반적으로 인식하지 못하고 있다. 역사의식을 지닌 세대가 과거를 돌아보는 것은 과거에서 찾을 수 없는 해결을 구하기 위해서가 아니라, 바로 현재의 상황을 이해하고 거기에 담긴 가치를 실현하는 데 필요한 비판적 통찰을 구하기 위해서이다.

제2강 경쟁으로부터 계획경제로

　우리의 경험에 의하면, 어느 주어진 시간과 장소의 사회 구조는 거기에 관한 일반적 이론이나 신념과 마찬가지로, 대체로 그 사회의 물질적 요구를 어떻게 충족시키는가 하는 방식에 의해서 좌우된다. 봉건 시대의 유럽에서도, 대부분의 정착된 원시 공동사회에서와 같이, 경제적 자급자족의 단위는 지극히 작았다. 분업이라는 것이 있기는 했지만, '싸우는 사람과 기도하는 사람, 그리고 일하는 사람'이라고 하는 이 유명한 전통적 구별을 제외하면, 그것은 주로 남녀간의 분업과 농촌 수공업의 단순한 전문화에 국한되어 있었다.

　당시의 수송 조건에서는, 교역은 오직 소수 특권층을 위한 고가의 사치품을 취급하는 것으로만 생각되었다. 교역이 행해지는 경우에도 먼 곳에서 오는 외래자들에 의해 이루어졌으므로, 전체로서의 사회 공동체의 생활과는 관계가 없는 것이었다. 그러던 것이, 그 후 몇 세기 동안 생산 기술이 진보되어 도시의 발달을 촉구하고

작은 자급자족 단위를 붕괴시켜, 도시와 농촌 간의 새로운 분업, 국제 무역의 발달, 국제 금융의 시작을 가져왔다. 그 다음 이른바 중상주의 시대에 들어와서는 자급자족의 가능성을 지니는 커다란 국내 시장이 강화되었던 것이다. 이처럼 몇 세기 동안에 사회적 관계와 사회적 의무에 대한 새로운 개념이 옛 형태의 개념과 나란히 성장해 가고 있다가 점차 이것들을 구축해 나갔다.

첫째로, 사회에 유용한 봉사를 함으로써 타인과 경쟁을 벌여 자기의 부를 쌓아가는 개인적 기업가라고 하는 새롭고도 혁명적인 개념이 생기게 되었다. 또 그 다음엔, 국가적 충성이라고 하는 새롭고 혁명적인 개념이 나오게 되었다. 이는 한편으로는 지역 사회에 대한 낡은 충성에 대치되며, 또 한편으로는 세계적인 교회와 제국에 대한 낡은 충성에 대치되고 있는 것이다.

산업혁명이 일어나 이제까지 생각도 못 하고 꿈도 꾸지 못한 기계 시대를 맞이하여 생산력이 증가되자, 비로소 값싼 대규모 기계적 생산과 값싼 기계적 수송이 공전의 전문적인 분업의 시대를 불러들이게 되었다. 그리하여 지금까지 옹색했던 국내 시장의 제한을 돌파하고 역사상 최초로 국제 무역과 국제 금융을 혈맥으로 삼아 런던 시를 그 신경 중추로 하는 단일 세계 경제와 단일 세계 시장을 창조해 낸 것이다. 그것은 사회적 신분제도라고 하는 낡은 사상의 마지막 잔재를 일소하고 말았다.

이 새로운 사회는 자유롭고 평등한 개인의 사회가 되었다. 경제 도덕의 명령은 이때부터 시장 법칙에 순응하는 것이 되어 버렸고, 따라서 자기의 경제적 이익을 추구하는 개인은 전체 사회의 경제적 이익을 증진하는 셈이 된 것이다. 사소한 지역적·종파적 충성은 개인이나 국민의 국가에 대한 더 큰 충성 속에 자취를 감추고 말았다. 그리고 이 충성조차도 머지않아 인류 사회 전체에 대한 한층 더 큰 충성―이는 단일 세계 시장의 논리적인 당연한 결과였다―속에 그 자취를 감추게 되리라는 것과, 또 한 나라의 시민은 세계 시민으로 변해 가리라는 것이 당연한 일이 되었다.

19세기의 경제 사회는 그 자체에 상응하는 정치 질서와 정치 철학을 낳았다. 그 시대의 일반적 사상의 뛰어난 해설자인 매콜리는 다음과 같이 그것을 간결 명료하게 요약하였다.

"위정자들이 국가의 발전을 촉구하는 최선의 방법은 그들이 하는 일을 엄밀하게 그들 자신의 합당한 의무를 수행하는 일에만 그치도록 하고, 자본은 가장 유리한 방향으로 흐르게 하며, 상품에는 공정한 가격을 붙이고, 근면과 지혜에는 당연한 보수를 주며, 태만과 우둔에는 당연한 벌을 주어 평화를 유지하며 재산을 보호하고, 세금을 줄이고 각 방면의 행정비를 긴축하는 일이다. 정부가 이런 일을 하도록 해라, 그러면 시민은 확실히 그 나머지 일을 맡아 할 것이다."

또한 프랑스의 경제학자 바스티아(Claude Frédéric Bastia, 1801~50)가 기술하고 있듯이, 개인적 이익과 자유 경쟁의 이 두 원리는 "따로따로 떼어 놓고 생각하면 이해하기 어려울지 몰라도, 실은 이 둘의 상호 작용에 의해 사회적 조화를 낳고 있다." 자유롭고 평등한 개인이 공공의 이익을 위해 조화롭게 서로 경쟁하고 있는 그런 사회에서는 국가가 개입할 필요가 없었다. 국가는 경제적으로 간섭—생산·교역·가격·임금의 통제—하지 않았고, 더구나 정치적인 간섭—여론의 지도나 통제—도 하지 않았다. 국가는 경기장의 질서를 유지하여 반칙 행위를 방지하고 악인의 손에서 소유권을 지켰을 따름이다. 국가의 기능은 경찰 기능이었다. 그것은 독일의 사회주의자 라살(Ferdinand Lassalle, 1825~64)이 경멸조로 이름붙인 대로 '야경 국가'였다.

현대 역사상 가장 매력적인 테마는, 19세기 자유 방

임(laissez-faire)의 '야경 국가'가 논리적으로 그 정반대의 것인 동시에 그 논리적 귀결이기도 한, 오늘날의 '복지 국가'로 변모되어 간 단계를 추적해 보는 일이다. 물론 이 과정은 점진적인 것이었으며, 20세기나 제1차 세계대전 훨씬 이전에 시작되었던 것이다. 산업혁명이 아직 요람기에 있었을 때, 로버트 오웬(Robert Owen, 1771~1858, 영국의 사회학자)은 일찍이 산업혁명이 대두하게 내버려 둔 위험에 대하여 경고를 발하고, 그 결과를 막기 위하여 국가적인 조치가 있어야 한다고 주장했다.

"국내에 제조 공업이 널리 보급되면—그는 이것을 1817년에 쓴 것이다—국민 속에 새로운 성격이 생기게 된다. 그런데 이 성격은 개인이나 일반의 행복에 대해서는 아주 불리한 원리에 근거하여 형성되기 때문에 입법적 간섭이나 지도에 의하여 이 경향을 억제하지 않는다면 그것은 가장 통탄할 만한 영구적인 해독을 자아내게 될 것이다."

영국에서는 1840년대에 인도주의 운동이 전개되어 광범한 공장 입법을 행함으로써, 처음엔 연소 노동자와 부인 노동자를, 그리고 그 뒤에는 노동자 전체를 극단적인 육체적 착취로부터 보호했다. 1880년대에는 허버트 스펜서가 야경 국가를 지키기 위하여 불리한 방위전을 이전부터 계속하고 있었는데, 이때 그는 건전한 자유 방임주의 원칙에 어긋나는 것으로서 영국 의회가 제정한 많은 법률을 예거하였다. 즉, 이 새 법률 가운데에는 소년 굴뚝 청소부의 고용을 금지한다든가, 예방 접종을 강제로 한다든가, 또는 지방 관청에 지방세로 무료 공립 도서관을 설립할 것을 허가한다든가 하는 조치가 포함되어 있었다. 이와 거의 때를 같이하여, 비스마르크는 노동자를 위한 최초의 강제적인 사회보험제도를 독일에 도입하는 일을 창도함으로써, 결국 40년 후의 독일 볼셰비키 혁명을 방지하는 일을 하고 있었던 것이다.

영국의 최초의 사회보험제도는 1890년대에 산업상의 사고에 대비한 강제적인 노동보험 형태로 생겼다.

자유 방임의 철학으로부터의 의식적인 이탈이 널리 행해지기 전부터, 가장 진보되고 인구가 조밀한 공업국에서는 사회적 압력 때문에 이러한 법률이 제정되기에 이르렀다는 사실을 알 수 있다. 그러나 이와 같은 법률은 이 철학과 그리고 이것이 근거하고 있는 전통적 가치에 대한 깊고 근본적인 거부의 징후였던 것이다. 매콜리의 용어로, 성공은 '근면과 지혜'에 대한 '당연한 보수'요, 실패는 '태만과 우둔'에 대한 '당연한 벌'이라고 하는 사회의 개념은, 특별히 자비로운 것은 아니었다.

그러나 그것은 하나의 가설—이러한 상벌을 위해서 경쟁하는 자유롭고 평등한 개인이 실제로 자유롭고 평등한 출발을 하고 있다는 가설 위에서는 확실하고 논리적이며 일관적인 데가 있었다.

매콜리가 그렇게도 자신 있게 천명한 철학이 궁극에 가서 신용을 잃게 된 것은, 경쟁자들이 자유롭고 평등하게 출발을 한 것이 아니라는 것, 그리고 그 경쟁이 오래 계속되면 계속될수록 자유와 평등의 여지는 점점 더 없어져서, 그 결과 자유 방임주의가 근거하고 있는 도덕적 기초가 점점 더 절망적으로 타격을 입게 된다는 것이 명백해졌기 때문이었다.

어떻게 해서 이같은 일이 생겼을까? 어떻게 해서 '자유 방임'의 논리가 그 반대가 되고 또 그 부정이 된다고 여겨지는 제도로 바로 이행될 수가 있었을까?

영국과 주요 유럽 국가에서는, 사회적 신분제도에 근거하여 오래 계속된 전통적 실서 위에서 산업혁명이 터져나왔다. '앙시엥 레짐(ancien régime)'이 남겨 놓은 경제적·사회적 불평등은 자유 방임주의를 표방하고 나온 사람들이 상상한 것과 같이 경쟁자들 사이의 공평한 출발 같은 것을 불가능하게 했다. 그러나 이와 같은 결점은 낡은 유럽에서보다도 아메리카 신세계에서는 훨씬 덜 눈에 띄는 것으로서, 그것은 별로 중요한 것이 아니었다. 훨씬 더 중요한 것은, 낡은 불평등을 일소한다고 하는, 또 사실 그것을 꽤 많이 일소한 혁명이 오래지 않아 그 자체의 새로운 불평등을 낳고 이것을 묵인한 것이었다.

각 세대마다 개인이 평등한 조건에서 평등하게 출발하는 사회란 관념—이것은 곧 '입신 출세는 수완에 달려 있다'는 것을 무조건 인정하는 것이다—은 뿌리깊은 인간의 본능이라고 할 수 있는 것에 의해서 곧 무너지고 만다. 우리가 이론상으로 경주에서는 모든 사람이 평등한 출발을 해야 한다고 굳게 믿을지 몰라도, 우리는 우리 자식들이 서민의 자식들과 평등하게 출발하는 것을 원하지는 않는다. 그것은 우리의 재력과 유력한 관계로 말미암아 우리가 아이들에게 처음부터 다른 아이들보다 더 좋은 영양·의료·교육, 그 밖의 모든 편의를 줄 수 있는 특전이 있다고 생각하는 까닭이다.

20년 전, 모스크바의 크레믈린 궁전에 소비에트 유력자와 관리의 아이들을 위해서 학교 하나가 개설되었다. 이 학교의 목적이 이 아이들을 다른 러시아의 아이들과 평등하게 출발하도록 하기 위한 것이라고 생각하는 사람은 하나도 없다. 이와 같이, 어떤 사회라도 원칙상으로는 평등주의일지라도 세습적인 이점이 재빨리 하나의 지배 계급을 형성해 놓고 만다. 비록 이 새로운 지배 계급이 낡은 지배 계급의 기초 위에 얼마쯤 구축될 수 있게 할 새로운 자산을 가지고 있지 않을지라도 이는 마찬가지이다.

그런데 19세기의 산업사회에서도 똑같은 일이 일어난 것이다. 그리하여, 부지런한 사환이 사장이 되고 사장의 나태한 자식이 사환이 되었다는 이야기는 결국 인생사와는 관계가 없는, 듣기 좋게 지어낸 이야기가 되었다. 그러나 이 꾸며낸 이야기가 현실과 다르다는 사실이 드러나자, 그것과 함께 근면과 지혜는 자동적으로 상을 받게 되고 나태와 우둔은 자동적으로 벌을 받게 되는 사회에는 국가의 간섭이 불필요하다고 하던 이제까지의 도덕적 근거가 사라지게 된 것이다.

말썽은 여기에서 그치지 않았다. 처음 출발할 때의 기회의 불평등보다도 한층 더 곤란한 것은 경제 과정에 관계하고 있는 개인이 어떻게 해서든지 개인에 머물기를 거부한다는 사실이었다. 전체의 이익을 위해 평등한 조건에서 서로 일대일의 경쟁을 하지 않고, 그들은 그들 자신의 독점적 이윤을 추구하기 위해 서로 결합하여 집단을 만들기 시작했다.

폴 호프만(Paul Gray Hoffman, 1891~?, 미국의 실업가)은 유럽에서 마셜 플랜을 실시하는 것을 보고 있었을 때, 실업가들이 밤잠을 자지 못할 정도의 경쟁이라고 하는 것은 실제로는 존재하지 않았다고 방송을 통하여 말한 적이 있다. 미국의 실업가들이 경쟁의 악몽에 시달리며 잠을 이루지 못해 이리 뒹굴고 저리 뒹굴고 있다는 것이 올바른 표현일는지도 모른다. 또 영국의 사회적 전설에 의하면, 영국의 실업가들은 낮에 골프를 치고 밤엔 꿈도 하나 꾸지 않는 편안한 잠을 잔다는 것이다. 그러나 호프만은 사실의 일면밖엔 말하지 않았다. 과거 4분의 3세기 동안, 다른 나라의 실업가들과 마찬가지로 미국의 실업가들도 밤낮을 가리지 않고 경쟁에 관해 생각해 왔다. 오래 전에 그들은 경쟁이란 것은 하나의 해악이므로, 그들이 이윤을 본 상공업 분야에서 될 수 있는 한 철저하게 이 해악을 제거해야겠다고 결심했다. 그리고 그들은 실제로 총명하고 영리한 사람들이었던만큼, 대체로 그렇게 하는 데 있어서 놀랄 만한 성과를 거두어 왔다. 그리하여 경쟁의 악몽은 독점의 꿈으로 대체된 것이다.

이 오랜 기간 동안에 개인적 실업가는 회사에 그 지위를 빼앗기고, 회사는 카르텔과 트러스트에, 트러스트는 초(超) 트러스트에 그 지위를 빼앗겨 왔다. 이 과정은 한이 없는 것이다. 왜냐하면 우선은 국내적인 독점, 그 다음 순조로울 때는 국제적인 독점, 이렇게 해서 궁극적인 목표는 완전한 독점에 있었기 때문이다.

이러한 일반적인 움직임은, 사람 눈에 띄지 않는 기업가나 주요 산업 이외의 부문에서 살아남은 소기업가의 수효가 아무리 많다고 해도, 어떻게 막을 수가 없는 일이다. 이러한 사람들은 이제 현대 경제사회의 기식자에 불과하여, 직접·간접으로 큰 회사에 의존해서 큰 이윤이 없는 방면의 사업이나 하도록 허용되고 있으며, 또 이같은 고립 상태로 인하여 도저히 사실상의 경제적 실력을 발휘할 수가 없는 사람들이다. 큰 단위가 작은 단위를 계속 점진적으로 불식해 나가는 것이 우리 시대 경제 조직의 전형적인 경향이 되어 왔다.

독점은 나쁜 것이며 비능률적인 것이라고 하는 것은 하나의 착각이다. 아직도 일부의 실업가들이 이런 생각을 하고 있는데, 이들에 대해서 케인즈는 그들은 "대체로 옛날 경제학자의 노예이다."라고 말한 적이 있다. 모든 인간의 제도는 인간악으로부터 나오는 악용을 면치 못하는 약점이 있다. 그러나 독점의 악용이 경쟁의 악용보다도 더 널리 보급되어 있고 또 더 악하다고 하는 것은 입증하기가 어려울 것이다.

여기에 관련하여, 나는 최근 미국의 한 유명한 작가 F.L.앨런(Frederik Lewis Allen, 1890~1954, 미국의 저널리스트)이 쓴, 미국의 금융업자와 트러스트 설립자 중 최대의 인물의 전기, 즉 《위인 피에폰트 모건》(John Fierpont Morgan, 1837~1917, 모건 상회의 창립자)에 나오는 한 부분을 인용하고 싶다.

"이성적은 아닐는지 몰라도 본능적으로, 대개의 실업가는 경쟁을 싫어한다. …… 경쟁자란 상대의 상품의 가격을 억제하고, 그의 이윤을 떨어뜨리며, 그의 시장을 빼앗으려 들고, 상대를 파산시키려고 하여 그 가족의 장래를 위태롭게 하는 사람이다. ……. 20세기 초에 독점 자본가라는 말을 들은 미국인의 대부분은 그들이 젊었을 때 경쟁이라고 하는 것이 잔인하고 방일(放逸)하기 이를 데 없는 최악의 것이라는 것을 신물이 날 정도로 보고, 이에 대해서 무언가 해야겠다는 결심을 하였다. 이와 같은 일은 결코 우연이라고 할 수가 없다."

나는 피에폰트 모건 부자를 옹호하는 것은 아니다. 그렇지만, '이빨과 발톱에 피가 묻은' 아귀다툼의 경쟁을 특히 고상한 것이라고 보지도 않는다. 오늘날에 와서는 독점이냐 경쟁이냐가 아니라, 오히려 독점이냐,

아니면 경제학자들이 말하는 '올리고폴리(oligopoly)' 즉 과점이냐이다. 이것은 독점이 점잖은 체하는 사람들에게 주는 쇼크를 완화시키고 오해된 반트러스트법을 피하기 위한 연막이다.

이 과점이라고 하는 시스템에 의해서 2, 3의 유력한 집단은 가격의 결정이나 시장의 '풀(pool)'에 관한 성문(成文) 혹은 불문(不文)의 협정을 맺고 이에 근거하여 같은 분야에서 서로 함께 번창한다. 독점이 비능률적이라고 하는 비난의 대부분은 사실 과점측에서 나오고 있다. 자기는 독점 자본가가 아니라고 다행스럽게 여기는 사람이 더 나쁜 사람일 때가 종종 있다.

이 개략적인 설명을 통하여 충분히 알 수 있는 것은, 현대의 경제조직 형태라는 것이 어느 의미에선 자유 방임 제도의 직접적인 부정이면서도, 또 다른 의미에서는 그것으로부터 직접 흘러나왔다는 점이다. 자유 경쟁의 결과는 경쟁을 파괴하는 것이었다. 경쟁하는 개인 대신에 독점적인 집단이 경제 단위로서 나타난 것이다. 그러나 이런 과정이 진전되어 가면 갈수록, 국가의 불간섭이라고 하는 개념을 더욱더 지지할 수가 없게 된다.

자유 방임의 철학은 노동 시장에 있어서 고용주 개인과 노동자 개인의 자유 경쟁을 전제로 했다. 그런데 자본주의 제도가 성숙하면, 두 개의 거대한 세력 집단 사이에 계급 투쟁이라고 하는 양상이 빚어진다. 여기에서 국가는 자유 방임주의가 그렇게도 눈에 띄게 자아내는 데 실패한 조화를 얼마만이라도 자아내기 위해서 간섭하지 않으면 안 된다. 또 그 극단에 이르면 현존 질서의 기초를 파괴하리라고 생각되는 투쟁을 완화시키기 위해서도 간섭하지 않으면 안 되는 것이다.

이렇게 해서 나온 것이 공장 입법·사회 보험·임금 제도·스트라이크 금지법이다. 그러나 자유 방임의 철학은 또한 소비자가 경제 과정에 장단을 맞추며, 그의 말이 법률이 되고, 그의 결정이 모든 것을 결정한다는 것을 가정한 것이다. 그런데 자본주의 사회의 현실을 보면, 조직을 갖지 않은 소비자는 현대 사회의 전형적인 약자이다. 이들은 고도로 조직화되고 유능한 생산자에 의해서 취해지는 가격·조작·판매 전술·대중 광고 등의 독점적인 공격 앞에서는 무력한 존재라는 사실을 알 수 있다.

그러므로 국가가 간섭하여 가격 통제나 품질 검사를 함으로써 조직화된 자본가의 압도적인 힘에 대하여 소비자를 보호해야 한다. 때로는 이 문제에 대해서 조작된 노동자의 지지를 받는 수도 있다.

국가의 간섭이 가장 폭넓게 요청되는 것은 대생산자가 가격을 인상하여 폭리를 취하는 데 대해 소소비자가 보호를 구하는 경우이다. 끝으로, 물자가 극도로 결핍되어 있을 경우, 국가는 국민 각자의 최소한의 요구를 충족시켜 주기 위하여 한정된 물자를 균등하게 배급하기 위해 간섭해야 할 때가 있다.

그러나 역사적으로 말한다면, 자유 방임의 자본주의에 최후의 일격을 가하여 모든 경제 기능에 대규모적인 국가의 간섭을 촉발한 것은 노자(勞資)간의 투쟁을 완화할 필요에서도 아니었고, 또 소비자를 보호할 필요에서도 아니었다. 그것은 대량 실업의 문제로 인해 초래되었던 것이다. 최후의 일격이 가해진 것은 1930년대 초의 대불황을 절정으로 하는 일련의 경제 공황에 의해서였다.

정통적인 자본주의적 이론에서는, 공황은 자본주의 제도에서 불건전한 요소를 제거하는 양약(良藥), 수요 공급의 미묘한 밸런스를 재조정하는 조정기(調整器), 근면한 사람이나 선견지명이 있는 사람에게 상을 주고 무모한 사람이나 나태한 사람에게 중형(重型)을 내리는 법정이었다. 공황은 무능한 사람을 처벌하고 축출해 버리는 정상적인 방법이 되는 면도 없지 않았다. 또 실제로 19세기에는 그와 같이 작용하여 경제를 혼란시키고 인간을 괴롭히는 데는 비교적 가벼운 결과만을 가져와 주었다. 그렇기 때문에, 이 결과는 현실의 경제 체제의 정당하고도 불가피한 대가라고 인정되었던 것이다.

그러나 20세기에 들어와서는 주기적 경제 공황이라는 사실도, 이론도 다같이 참을 수 없는 것으로서 거부되기에 이르렀다. 그 원인의 일부는 인도주의자들이, 그토록 훌륭하게 물질적 생산의 비밀을 파헤친 사람들이, 분배의 문제에서는 좀 덜 낭비적이고 덜 불합리한 어떤 방법을 생각해 낼 수가 없었다고 믿게 된 데 있다. 그러나 그 주요 원인은, 자본가와 노동자라고 하는 두 개의 커다란 조직된 힘이 계속 일어나는 공황에 대해서 이제는 더욱더 날카롭게 반발을 하고, 정부에 대해서 그 영향으로부터 구출해 줄 것을 점점 더 조급하게 요구하게 된 점에 있다. 도와달라는 소리가 노동자측에서보다도 자본가측에서 한층 더 강하게 일어나는 것은 자본가 쪽이 지배층과 더 긴밀한 관계에 있어, 그 소리를 지배층의 귀에 강하게 불어넣을 수 있는 좀더 직접적이고도 유력한 방법을 가지고 있기 때문일 것이다.

영국 공업연맹과 전국 농업자동맹은 대불황 당시에 영국 경제정책의 진로를 결정하는 데 있어서 노동 조합

보다도 더 효과적인 힘을 발휘했다. 또한, 이 폭풍우가 미국에 내습했을 때 가장 열심히 기를 쓰고 워싱턴 정부에 도움을 청한 것은 은행가·농장주·기업가 들이었다.

주기적 공황을 통한 부적격자의 제거라고 하는 자본주의적 이론이 그들 자신에게 적용되는 것을 못마땅하게 여기면서도, 국가가 질서 있는 국민 경제의 기초를 수립함으로써 구해 줄 것을 청한 것은 바로 자본가들―기업가·농장주·금융업자―이었던 것이다. 또 그들의 그러한 처신은 충분히 정당화되었고, 20세기의 산업과 금융의 구조는 긴밀하게 통합·집중되어 있어서, 그 주요한 부분은 서로 떼어 놓을 수도 없게 되었으며, 전체로서의 국민 경제로부터도 떼어 놓을 수가 없게 되었다. 대규모 은행이나 철도 회사, 철강업이나 화학 공업 회사가 그 직무를 다할 수가 없어 문을 닫아야 한다는 것은 도저히 생각도 할 수 없는 일이 되었다.

국가는 높은 데서 초연한 태세로 경제적 투생을 내려다보기는커녕, 국가적 이익을 위해서 링에 뛰어들어 선수가 녹아웃당하지 않도록 구해 내지 않으면 안 되었다. 물론 위급할 때 국가의 지원을 요청한 은행가나 기업가는 그들의 행동의 의미를 충분히 알고 있지 못했다. 물론 그들은 국가가 공황기에 그들을 파멸에서 구해 냈으니, 호황기에는 다시 민간 기업의 깃발 아래 자유로이 이윤 추구의 길을 걸어가게 해주리라는 희망을 가졌을 것이다. 그러나 이것은 현실을 간과한 것이었다. 일단 한번 시행된 것은 완전히 취소될 수가 없었다. 그런데 하물며 이것이 기록에서 말소될 수 있었겠으며, 또 그 교훈이 잊혀질 수가 있었겠는가! 국민 경제가 국가와 불가분의 일체라는 것이 공황기에 분명히 입증되었기 때문이다.

경제 단위의 집중과 확대가 이 정도까지 나갔으므로 이제는 전국가적인 것이 되는 것 이외의 논리적인 정지점이란 존재하지 않았다. 그리고 아마 거기에서도 정지되지는 않을 것이라고 생각된다. 국민 경제의 개념은 이미 뿌리를 내렸다. 그 증거로는, 명칭과 목적이 무엇이든, 그 기능이 어떻게 규정되든 간에, 그리고 그것이 어떤 기관이나 방법을 통하여 운영되든 간에 아무튼 무언가 계획청(計劃廳) 같은 것을 설치하는 일이 불가피해졌다는 것이다.

여러 가지의 변화가 있었고, 특히 서로 다른 경제적 조건 때문에 생기는 템포의 차이는 있었다고 해도, 이상과 같은 광범한 발전은 주요 공업국 어디에서나 있었던 일이다. 미국의 정책과 지도가 없었다면 오늘날 이러한 발전은 거의 논의의 여지가 없는 것으로서 받아들여졌을 것이다. 미국의 자본주의는 매우 활발하고 힘찬 성장을 해온 것으로, 유럽의 자본주의보다도 훨씬 뒤에 성숙해져서, 그 시간적 지연을 이용하여 고도의 기계적 능률이라는 이점을 얻었다. 제1차 세계대전은 유럽의 경제를 피폐하게는 했지만, 미국의 산업에 대하여는 대단한 자극제가 되었다. 대전 후 미국은 의심할 여지 없이 지도적인 경제 국가가 되었으며, 전세계에 걸쳐서 파괴된 자본주의 질서의 기초를 복구하는 일의 주역이 되었다.

미국의 은행들은 대대적인 국제 금융을 재개하여 이러한 시도를 도왔지만, 그것은 1930년대 초의 대불황으로 실패하고 말았다. 이 대불황은 미국의 공황에서 시작되어 대서양을 건너 유럽 전역에 파급되었다. 그러나 그 교훈이 더 깊이 가슴에 박히고 이를 선뜻 결정적인 것으로 받아들인 것은, 비교적 아직 해를 입지 않은 미국의 경제계보다도 상처입은 유럽이었다. 영국은 물론, 유럽 국가들에 있어서는 자본주의적 공황이 또다시 발생해서는 안 된다는 것, 그리고 이것을 방지하는 것이 국가의 제1차적인 의무라는 것이 하나의 공리(公理)가 되었다.

이 공리의 승인은 바로 자유 방임의 철학에 대한 최종적인 거부를 뜻하는 것이었다. 따라서 역사상의 끝과 시작의 연대를 정확하게 기록할 수 있다면, 무계획하고 무통제한 19세기의 자본주의 제도는 미국을 제외한 다른 나라에서는 1933년에 이미 죽은 것이다.

미국에서도 '뉴딜' 초기에는 다른 나라들과 마찬가지로 무계획한 자본주의 질서의 결과로부터 어떻게 해서든지 도피해 보려고 했다. 그러나 미국에서는 일단 직접적인 위험이 걷히자, 제1차 세계대전과 그 결과에 의하여 황폐되지 않은 경제력 덕택으로 자유 방임의 전통을 살리고 이를 부분적으로나마 부활시킬 수가 있었다. 그렇다고는 해도 '뉴딜' 시대에 행해졌던 많은 것이 결코 취소되지는 않았다.

금융 정책에 대한 최후의 통제력은 은행으로부터 연방 준비은행을 통하여 재무성의 손에 넘어가 버렸다. 또 보조금과 가격 통제가 몇몇 경제 부분에 남았다. 영국의 표준으로 보면 아직 소규모의 것이지만, 사회보험도 그대로 계속되기에 이르렀다. 또한 TVA(The Tennessee Valley Authority(or Administration)의 약칭(略稱). 테네시 계곡에 댐을 건설하여 발전·치수·용수 따위의 사업을 한 '테네시 유역 개발공사 관리국'

이다.)도 아직 전국적인 것은 아닐지라도 지방적인 계획의 의의 있는 한 걸음을 내디딘 것임을 나타낸다. 그러나 이러한 일들은 모두 잊어버리고, 일반적으로는 낡은 배가 바닥의 짐을 약간 던져 버리고는 멋있게 폭풍우를 뚫고 나갔다고 생각하고 있으며, 또 미국은 여전히 자유 방임과 민간 기업의 요새라고 생각되고 있다.

제2차 세계대전 후에 미국의 정책이 여전히 공식적으로나 비공식적으로나 민간 기업을 옹호하는 쪽으로 돌아가고, 그리하여 미국에서까지도 다른 것이 민간 기업 속에 끼여든 그 엄청난 잠식을 잊어버린 것처럼 된 것은 이래서 생긴 일이다. 그래서 대단히 부자연스런 태도가 일반에 만연되었다. 민간 기업의 옹호라고 하는 것이 국교회(國敎會)의 필수적인 하나의 신조가 되었다. 진지성의 정도는 여러 가지겠지만, 사실은 더 이상 실행하지도 않는 것을 진실하게 믿는다는 사람도 나왔다.

이와 같이, 대부분의 사람들은 그 의미를 생각해 보지도 않고 신조를 받아 외웠던 것이다. 그러나 이러한 의식을 아무리 수행한다 해도, 그것은 미합중국 이외의 모든 나라에서 20년 전에 죽어 없어진 자유 방임의 사적 자본주의가 합중국에서도 역시 치명적인 고통을 받아 왔다고 하는 사실을 바꾸어 놓지는 못한다. 제2차 세계대전의 여파를 입고 있는 오늘날, 합중국도 다른 서양 여러 나라와 마찬가지로 자유 방임의 규준을 경제 정책의 적절한 방침으로서 받아들이고 있지는 않다. 국가의 간섭과 통제의 원리가 암암리에 시인되고 있는 것이다.

차이가 있다면, 다만 그 간섭이 더 능률적인가 아닌가, 국가의 역할을 더 솔직하게 시인하고 있는가 아닌가 하는 따위일 뿐이다.

1951년 상반기에 있어서 미국 경제 정책의 주요 논점은 가격 결정과 임금 결정이었다. 따라서 쟁론은 오직 그것을 어느 수준으로 결정할 것인가 하는 문제에 쏠렸을 뿐, 가격과 임금을 결정해야 할 것인가 아닌가 하는 문제는 아니었다. 국가적 간섭과 통제의 원리는 더 이상 쟁론의 대상이 되지 않은 것이다.

여기서 두 가지의 논의가 생기게 되는데, 이것들은 그 자체로서는 중요하지 않으나, 일반적으로 퍽 많이 행해지고 있으므로 간단히 논평을 해두어야겠다. 첫째, 논의는 단순한 삼단논법에 의한 것이다. 즉, '미합중국은 민간 기업의 나라이다. 미합중국은 세계에서 가장 번영하고 있는 나라이다. 그러므로 민간 기업은 번영을 의미한다.'는 논리이다. 이런 논거는 때로는 지리적인 형식 보다도 역사적인 형식을 띠고 나타날 때가 있다. 즉 '19세기는 자유 방임의 세기였다. 또한 번영의 세기였다. 그러므로 자유 방임은 번영을 의미한다.'고 하는 것이다. 이런 논의는 '다른 사정이 꼭 같은 때' 통용되는 논의로서―물론 그럴 리는 결코 없다―이 경우는 미합중국과 유럽 사이에, 혹은 19세기와 20세기의 경제 조건 사이에 그릇된 동일성이 가정되어지고 있다.

또 하나의 논의는 좀더 복잡한 것이다. 즉, 19세기 자유 방임의 자본주의 질서는 두 차례의 세계대전 사이에 일어난 급변에 의해 무너진 것이 아니라, 이러한 급변에 대처하기 위해서 취한 그릇된 조치에 의해서 무너졌다고 하는 설이다. 이 가설에 의거해서 생각한다면, 자본주의를 질식시키는 것은 자본주의 그 자체에 내재하는 하나의 과정이 아니라, 각국의 정부가 자유 방임의 참다운 원리를 무시하고 통제·제한·배급·계획 등과 같은 조치를 취한 데 있다는 것이다.

이 논거는 순수한 추상적 진리의 일면을 포함하고는 있다. 하기야 이론상으로는 만일 1920년대와 1930년대에 국가에 의한 절대불간섭의 원칙이 어디에서도 적용될 수가 있었다고 한다면, 또한 그래서 자본가 자신들도 일치 단결하여 자본주의 질서의 자유로운 작용에 반대하는 일이 없었다고 한다면, 확실히 오랜 시간이 경과한 후엔 경제 균형이 회복될 수 있었을 것이다. 그러나 한때 누가 말했듯이 이는 '오랜 시간이 경과한 후' 이니, 그 동안에 우리는 모두 한 사람도 남지 않고 죽고 말 것이다.

이러한 회복을 얻는 데는, 세계 경제가 전혀 새로운 형태로 바뀌고, 생산의 중심이 대륙에서 대륙으로 옮겨지며, 인간과 인간, 국가와 국가의 사이에 존재하는 불평등이 더욱 심해지고, 막대한 인구가 직업을 잃고 이동해야 하며, 또 결국에 가서는 사멸하게 되는 값을 치러야만 했을 것이다. 이 가공할 만한 상상은, 자본주의 제도에는 조금도 잘못된 것이 없었고 각국 정부—혹은 자본가 자신들—가 그 제도의 자유로운 활동에 간섭하는 것과 같은 조치를 취한 것이 잘못이었다고 하는 항변에 대한 하나의 충분한 대답이 된다.

이상의 논의를 통해 볼 때, 주로 자본주의에 관해서 많이 말하고 계획에 관해서도 좀 얘기한 편이지만, 사회주의에 관해서는 전혀 말한 것이 없었다. '사회주의'라는 것은 어려운 말이다. 마르크스는 처음에 '과학적' 사회주의를 '유토피아적' 사회주의와 구별할 때, 자본주의의 필연적 붕괴 후에 오는 경제 질서를 나타내는 것으로서 '사회주의' 혹은 '공산주의'라고 하는 말을 무차별하게 썼었다. 자본주의하에서의 '생산의 무정부 상태'에 이어 '사회주의의 사회적으로 계획된' 경제가 나타난다는 것이다.

그 후, 마르크스 자신은 그가 말하는 '사회주의' 혹은 '공산주의'의 두 단계를 구별지었다. 그 첫 단계는 계획 경제를 채용했어도 아직 자본주의적 질서가 남아 있어 물품에 대해서나 노동에 대해서나 교환과 지불의 방법을 그대로 사용하는 것이다. 또 둘째 단계는 '그 능력에 따라서 각자가 요구하고, 그 필요에 따라서 각자에게 준다'고 하는 원리에 입각한 미래 사회를 도입한다는 것이다.

그 후의 마르크스주의자들은 '사회주의'라는 말과 '공산주의'라는 말 사이에 마르크스 자신도 알지 못했던 구별을 지어 놓았다. 즉, 마르크스가 말한 두 단계 중의 첫째 단계를 '사회주의'라 하고, 둘째 단계를 '공산주의'라고 한 것이다. 1930년대에 스탈린이 러시아는 이제 사회주의 사회를 완성하고 공산주의의 길로 들어섰다고 선포한 것도 이런 의미에서였다.

1920년대 이래로는, '공산주의'라는 말은 계획과 경찰 국가의 방법을 결합한 소비에트 체제를 가리키고, '사회주의'라는 말은 다른 나라들에서 계획을 민주주의의 낡은 원리의 유지와 결합시키면서, 또한 '만인을 위한 공평한 분배'라고 하는 원대한 사회 정책과 결합시키고자 하는 기도(企圖)―이것은 때로는 '사회 봉사 국가'라든가 또는 '복지 국가'라고 불려지기도 한다―를 가리키는 것이 관례로 되어 왔다. 이처럼 '사회주의'와 '공산주의' 사이에 19세기에는 알려지지 않았던 명확한 하나의 선이 그어지게 되었다. 이는 서구의 사회 민주주의자와 러시아의 볼셰비키들 사이에 있었던 역사적 분열에 의한 것이다.

여기서 쓰여지는 사회주의라는 말도 이러한 의미이다. 그래서 영국의 정치에 관한 한, 나는 이 말을 정당적인 의미를 띠지 않고 쓰게 될 것이다. 60년 전, '우리는 이제 모두가 사회주의자들이다.'라는 그 유명한 격언을 만들어 낸 사람은 유명한 자유당원이었다. 오늘날에 와서는 보수당의 강령도 뚜렷한 사회주의적 색채를 띠고 있다.

이상의 설명은 결국 계획과 사회주의의 관계 문제로 점점 이끌어 가는 것이다. W. A.루이스(W. A. Lewis, 1951~, 영국의 경제학자) 교수는 "계획에 관한 논의에는 우익도 좌익도 없다. 따라서 사회주의에 관한 논의와는 아무런 관계도 없는 것이다."라고 쓴 적이 있는데, 이것은 하나의 중요한 진리를 과장하여 진술한 것이다. 전 세기 중엽에 마르크스는, 자본주의 제도는 그가 말하는 대로 그 속에 내재하는 '모순'으로 말미암아 자멸할 운명에 있으며, 자본주의하에서의 '생산의 무정부 상태'는 그것에 내재하는 과정에 의하여 결국 사회적 계획경제로 변모되리라는 것을 증명하려고 하였다.

확실히 마르크스의 논의 가운데 어떤 것은 논박될 것도 있으며, 그의 예언 중에는 그릇된 것도 있으나, 19세기 자본주의의 절박한 몰락과 붕괴에 대한 그의 주요 분석은 시간과 경험의 시험을 이겨 왔던 것이다. 그러나 마르크스가 몰락한 자본주의적 질서를 대치하게 될 계획경제라고 하는 것이, 사회주의와 동일시될 수 있는 것이라는 사실을 입증하려고 했다기보다 오히려 그것을 가정한 것은 하나의 비약이다. 이것은 그 후의 사실에 의해서 아직까지 정당화되지 않은 것이므로, 이에 관해서는 여러 가지 논의의 여지가 남아 있다.

모든 혁명은 그 밑에 깔려 있는 깊은 원인이 있다고는 해도 역시 어떤 위기의 직접적 산물이다. 역사적으로 보아 자유 방임의 자본주의로부터 계획으로의 이행을 촉진한 위기는 사회적인 변동이 아니라 전쟁이었다. 즉 이 변화의 배후에 있는 원동력은 사회적 정의에 대한 요구가 아니라 국가적 능률에 대한 요구였던 것이다.(단, 근대전에서는 어느 정도의 사회적 정의가 그 자체에 있어서 국가적 능률의 한 조건이라고 말할 수 있는 경우가 있다.)

그 기회는 제1차 세계대전이었으며, 또 세계를 계획에의 길로 이끌어 간 나라는 독일이었다. 그것은 우연이 아니었다. 1914년의 독일은 국민 경제가 몇 개의 트러스트와 카르텔, 특히 대은행을 통하여 하나의 단일체로 견고히 결합된 나라였으며, 이런 의미에서는 세계에서 가장 진보된 자본주의 국가였기 때문이다. 그리고 이 단일체가 군부와 나란히, 또 군부와 긴밀하게 제휴하여 국가를 지배했기 때문이다.

사회민주당원 힐퍼딩(Rudolf Hilferding, 1877~1941)은 1909년 독일에서 출판된 《금융 자본론》이라는 유명한 책에서 독일 산업을 통제하기 위해서는 베를린의 6대 은행을 장악하는 것으로 충분하다고 단언한 일이 있다. 전쟁이 발발했을 때 그 골조는 이미 갖추어져 있었다. 그래서 1년 이상 실패와 혼란이 있은 다음에 독일 최대의 전기회사 창설자의 아들인 발터 라테우

(Walter Rathenau, 1867~1922)가 독일 육군성의 부름을 받자, 그는 아주 간단·신속하게 독일 전시 계획경제의 주요 체제를 수립했다.

1914년이 되기까지는 아무도 전시 경제가 평시 경제와 근본적으로 다르다는 것을 분명히 알지 못하고 있었다. 이보다 10년 전에 영국의 한 특별 조사위원회는 전시에 대비하여 식량과 그 밖의 주요 물자를 비축하려는 계획을 실제로 전쟁이 일어났을 때 필요한 물자를 수입하는 편이 더 경제적일 것이라는 이유로 기각시킨 일이 있었다. 또, 독일군의 벨기에 침공 계획이 네덜란드에까지 미치지 않은 것은 로테르담을 독일 해외 무역의 통로로서 중립화시켜야 한다는 근거에서였다.

'비즈니스는 평상시와 같이'라는 것은 대전 초기에 영국에서 내걸었던 슬로건이었다. 그러나 제1차 세계대전의 진행은 전시의 국가적 능률을 위해선 계획경제가 불가결의 것이라고 하는 방향으로 이 문제를 완전히 결정해 버렸다. 그래서 1918년 이후에는 이와 같은 견해가 모든 나라의 모든 정당에 침투되어, 더 이상 논의의 여지가 없는 사실로 되고 만 것이다.

히틀러가 기업가들의 도움으로 집권하기 전에 원래 그 당의 강령 중에는 사회주의적 요소가 없었으나, 그

후의 혁신을 단행한 것은 그의 힘에 의한 것이었다. 그는 평시 계획경제를 도입하여 600만이나 되는 독일의 실업자들을 구제한 것이다. 그러나 히틀러가 계획경제를 생각하고 정당화한 것은 사회 정책으로서도 아니었고, 사회주의 정책으로서는 더더구나 아니었으며, 오직 재군비 계획으로서였다. 이때부터 계속, 계획은 전쟁 자체의 발발에 의해서 뿐만 아니라 전쟁을 준비하는 필요에 의해서도 정당화될 수 있다는 것이 어디에서나 인정되는 학설로 되었다.

이 학설을 열심히 수용해 온 예가 미국의 현황이다. 미국에서는 만일 경제계획의 조치가 사회 정책의 일환으로서 추진되었다고 하면 호된 공격을 받았겠지만, 그것이 국가적인 전쟁 준비에 필요한 기여라고 보았기 때문에 열광적인 지지를 얻었던 것이다.

우리는 이렇게 해서 하나의 역설적인 입장에 도달하게 되었다. 자유 방임의 개인주의적 자본주의—이 용어의 참뜻으로 보면 민간 기업 체제를 말함—는 그것에 내재하는 발전 과정에 의해서 독점 자본주의로 전개되어 나갔었다. 그리고 독점 자본주의는 정도의 차가 있기는 하지만 국가가 하나의 적극적인 지도력을 가지고 경제 질서에 간섭하는 일을 촉발하고 또 이같은 일을 부득이한 것으로 만들어 왔다. 이러한 제도가 완전히 발달된 형태는, 영어로는 'planning(계획)', 독일어로는 'planwirtschaft(계획경제)', 불어로는 'une économie dirigée(통제경제)', 그리고 마르크스주의자들은 '국가 독점 자본주의'라고 부르는 제도이다.

그러나 이 제도는—그것이 무엇이든 간에 사회주의는 아니다—예상 외의 난관에 직면하고 있다.

자본주의 전성시대가 그 예를 실제로 보이고 있듯이, 자유 방임 철학의 이점은 그것이 경제 정책의 목표 같은 것을 명확히 할 필요가 없다는 점이었다. 자기의 경제적 이익을 증진하면 동시에 사회의 이익을 증진하는 것이 된다고 하는 안심을 개인에게 주었던 것이다. 그러나 일단 자유 방임의 실제와 철학이 폐기되고 보니, 국가의 간섭을 지도할 어떤 목적이 정해져야 했으며, 그렇지 않을 땐 적어도 이를 암암리에라도 가정하지 않을 수 없게 되었다.

어떤 종류의 것이라고 해도 국가적 통제나 국가적 계획은, 그저 막연히 능률이라고 하는 말로 해결될 수 없는 많은 문제를 자동적으로 야기시킨다. 즉, 무엇을 위한 능률이며 또 무엇을 위한 계획인가 하는 것이 절실한 문제가 되는 것이다. 왜냐하면 이러한 문제에 대한 해답이 우리의 정책을 결정하기 때문이다. 19세기의 자본주의 질서는 역사적 진화 과정에 의하여 국가적 간섭과 국가적 계획을 필요로 하는 제도로 변형되어 갔다. 아직도 불확실하고 논의의 대상이 되는 것은, 국가가 간섭하고 계획하는 그 목적의 문제이다. 이것은 우리 세대의 비극이지만, 계획이 역시 일반적으로 필요하고 합당한 것으로 시인되는 유일한 목적은 전쟁이라는 사건의 경우일 뿐이다. 이것을 목적으로 택하는 것은 가장 간단한 일임에 틀림없다.

어떠한 계획이라고 해도 거기엔 지긋지긋한 통제가 따라다닌다. 대개의 사람은 자기 나라를 군사적으로 안전하게 하고 강력하게 하기 위해서는 어느 정도의 통제와 제한의 불편을 받아들이기 때문이다. 이것을 목적으로 택하는 것은, 또한 실업계에서 가장 크고 유력한 집단에 그것이 어필되기 때문이기도 하다. 히틀러가 이와 같이 한 것은 그가 독일의 대기업가들에게 대단한 신세를 져서 그들의 비위를 거슬리기가 거의 불가능한 상태에 있었던 때의 일이다.

그것은 또한 완전 고용을 가능케 하는 것이어서 노동자의 지지를 얻을 수 있기도 하다. 그러나 이 목적을 택할 경우의 딜레마는 그것이 일시적이고 비영구적인 성격의 것이라는 데 있다. 현재의 재군비 정책을 논하는 것이 물론 여기서의 나의 과제는 아니다. 또한 오늘날 영국이 물심 양면으로 그 능력의 한계에 이르고 있다는 견해를 뒷받침하고자 할 의사도 없다.

그러나 장기적인 안목으로 볼 때, 이러한 한계는 분명히 존재하고 있다. 영국에 대해서도 그렇고, 다른 나라의 경우에서도 그러하다. 전시 경제도, 재군비 경제도 영속적인 사회 질서의 기초를 제공하는 것으로는 생각되지 않는다. 전쟁에서 죽음을 당한 사람들은 별 문제라 하더라도 전쟁 자체가 문제를 해결할 수 있으리라곤 보지 않는다. 전후에 살아 남은 사람은 누구라도 군사적 능률과는 다른 목적으로 지향되고, 다른 규준에 의해서 평가된 사회적·경제적 질서의 계획이라는 문제를 다시금 들고 나오지 않으면 안 될 것이다.

그러므로 역사에 대한 나의 해석과, 현재와 미래에 대한 나의 진단이 옳다고 하면—이 강연에서는 내 자신의 해석과 진단을 제시하고, 이들이 서로 어떻게 얽혀져 있는가를 보이고자 할 따름이다—우리가 도달하고 있는 역사상의 지점에는—전쟁에서 전멸을 당하면 별문제지만—19세기 자유 방임의 자본주의적 질서를 거쳐 이행하는 길로서는 '복지 국가'·'사회 봉사 국가', 혹은 단순히 '사회주의'라고 불려지고 있는 사회적·경제적 질서밖에 없는 것이다.

전쟁은 사회주의의 온상이라는 말을 자주 들어왔다. 그런데 이와 같은 이야기는 재군비에 대해서도 어느 정도는 할 수 있을 것이다. 왜냐하면 부족한 자원을 방위 목적으로 전환하게 되면 그 나머지를 균등하게 분배하는 일이 새로운 문제가 되는 까닭이다. 즉 '만인에 대한 공평한 분배'라고 하는 정책이다. 그러나 사회주의의 본질은 생산을 조직하는 방식에 있으며, 경제의 공적인 통제와 계획에 영향을 끼치고 있는 목적에 있다.

오늘날에 와서는 불평등을 목적으로 해서 계획을 할 수는 없다. 이제 불평등을 자연적인 경제 과정으로부터 생겨나는 유일한 결과로서나 또는 전쟁 준비를 위해서 본래 계획된 경제 조직에 있어서의 어떤 부산물로서 설명할 수가 없게 된 이상, 이러한 불평등을 제거하는 것이 경제 정책의 주요 목적이 될 수밖에 없다. 이것이 곧 계획과 사회주의의 정치적 관련성이다. 이론상으로는 이 두 가지가 분리될 수 있고, 또 역사적으로도 다른 기원을 가지고 있다. 그러나 자본주의적 제도의 역사적 발전에 의하여 통제경제와 계획경제가 일단 필요하게 된 이상, 그리고 전쟁을 위한 계획이라고 하는 일시적인 편법이 시대에 뒤떨어진 것이 된 이상, 사회주의를 목적으로 하는 계획만이 남아 있는 오직 하나의 길이 되는 것이다.

이러한 딜레마는 또 하나의 논란이 되는 문제, 즉 민주주의와 사회주의의 관계라는 문제에도 역시 열쇠를 제공하고 있다. 이 두 낱말은 모호하여 여러 가지의 해석을 가능하게 한다.

그러나 이 둘은 현대 세계의 정치적 여망과 경제적 여망의 구현으로서 널리 인식되고 있다. 정치적 민주주의의 자유와 평등은 경제적 자유와 평등을 갖추지 않는 한 공허한 것이라는 말들을 자주 해왔다. 바뵈프(Gracchus Babeuf, 1760~97, 프랑스의 혁명가)는 1797년에 최초로 이런 말을 한 죄로 참수를 당한 사람이다.

민주주의가 여전히 자유 방임의 자본주의의 정치적 파트너와 그 상대로 머무는 한, 경제 체제의 작용에 대한 책임은 정치력 범위 밖의 문제로 내버려질 수 있을 것이다. 그러나 경제 과정상에서 국가의 간섭이 합당하고 불가피한 것으로 일단 받아들여진 다음엔 경제적 해악에 대한 정치적 책임은 면할 수가 없다. 우리는 바뵈프의 꿈을 실현해야 할 단계에 이르고 있는 것이다.

제2차 세계대전 후에 영국과 몇몇 유럽의 작은 나라

들의 사회 정책에 영향을 끼친 것은 실로 이 정치적인 목적과 경제적인 목적을 결합하는 일, 즉 민주주의와 사회주의를 조화시키는 일이었다. 정치적 자유와 사회주의적 계획을 양립시키고자 하는 이 시도의 가능성에 대하여는 두 개의 측면에서 반대의 소리가 나왔다. 하나는 공산주의자들이 이러한 시도를 부정하고 있는 것인데, 소비에트 러시아의 실제를 보면 명백히 부정하고 나오지는 않는다 해도 암암리에 그것을 부정하고 있음을 알 수 있다. 또 하나는 이 시도의 가능성을 구식 민주주의자들이 부정하는 것이다. 이들의 민주주의관은 자유 방임이라는 낡아빠진 철학에 여전히 뿌리를 박고 있다.

이 후자의 반대는 현재의 국제적 위기에 의해서 특히 위험한 것으로 나타나고 있다. 왜냐하면 그들은 계획이 사회적 목적으로 지향될 경우에는 그것을 민주주의와 양립할 수 없는 것이라고 공격을 하면서도 그것이 전쟁 준비로 지향될 때엔 선뜻 계획을 승인하고 나오기 때문이다.

이처럼 전쟁을 위한 계획은 민주주의에 불가결의 것이라고 정당화하면서 사회주의를 위한 계획은 민주주의와 양립할 수 없는 것이라 비난하는 여론이 무의식적으로 조성되고 있다. 그러나 이 문제가 민주주의의 앞날에 관한 것인만큼, 그러한 구별은 그릇된 것이다. 민주주의적 자유와 사회주의를 조화시키는 일이 아무리 어렵다 하더라도 그런 자유가 대체로 전쟁이나 철저한 전쟁 준비에 처하여서는 그 즉시 얼마나 약해지는가 하는 것은 경험이 입증해 주고 있는 바이다.

민주주의와 사회주의적 계획을 조화시키는 것은 확실히 어려운 과제이다. 이같은 시도는 너무 늦게 착수된 것인지도 모르겠다. 그러나 전쟁을 피할 수가 있다면, 아직도 민주주의를 살아 남게 할 수 있는 방법은 오직 이 길밖에 없다.

제3강 경제의 채찍으로부터 복지 국가로

 개인과 사회의 관계, 시민과 국가의 관계는 정치 철학과 가장 실제적인 정치 문제의 주제이다. 개인이 사회에 대하여 어떠한 권리를 갖는다는 것은 누구나 시인하는 일이다. 또 개인이 사회에 대하여 의무를 지니고 있다는 것도 누구나 시인하고 있다. 뿐만 아니라, 무정부주의자를 제외하고는, 사회가 그 기관인 국가를 통하여 개인에게 이러한 의무의 이행을 강요할 권리를 지니고 있다는 것도 누구나 시인하는 일이다. 그러나 개인의 권리와 사회의 권리를 구분하는 선을 어디다가 긋는가—다시 말해서, 사회에 있어서의 개인의 권리와 의무의 밸런스란 어떠한 것인가—하는 것은 하나의 경험적인 문제로서, 역사의 시대를 달리함에 따라 매우 다른 방식으로 정해져 왔다.

 유럽 역사의 봉건 시대에는, 사회에 있어서의 개인의 역할은 토지의 소유와 결합된 세습적 신분에 의해서 결정되었으며, 그래서 사회 관계는 이 신분제도에 근거한 상호적 의무라고 하는 전통적인 구조를 중심으로 하여 짜맞추어져 있었다. 그런데 이 구조는 어찌나 저항이 크고 견고했던지 그것을 무너뜨리는 데는 수세기에 걸친 점진적 변화가 필요했다. 여기에 최후의 일격을 가하는 일은, 영국 혁명에 의해 불이 붙어 번지고 산업혁명과 손을 잡고 일어난 프랑스 혁명에게 남겨졌었다.

이렇게 해서 신분제도에 근거한 사회는—당시에도 서구에 있어서만이었지만—마침내 일소되기에 이르렀다. 새로운 사회는 원칙상, 자유롭고 평등한 개인들의 사회여야 했다. 이들의 관계는 이제부터 신분에 의해서가 아니라, 그들이 자신의 자유 의지로 맺은 계약에 의해서 결정되게 된 것이다.

19세기 이전에는 사회가 인간에게 노동을 강제하는 권리를 가지고 있다는 것을 의심하는 이가 없었다. 많은 사회에서는 어떤 계급의 사람들은 협의의 '노동'을 면제받았다. 어떤 나라에서는 이런 의미의 노동은 주로 노예에 의해서 수행되었다. 그러나 이런 노동 계급—영국에서는 19세기에 들어와서까지도 보통 '빈민'이라고 불려졌다—은 노동할 의무가 있으며, 또한 이 의무는 다른 모든 사회적 의무와 마찬가지로, 필요하다면 법에 의해 강제될 수도 있고 강제되어야 한다는 것을 당연한 일로 받아들였다.

중세적 질서의 강제력이 쇠퇴해 가고 있던 튜더 왕조 시대의 영국 입법은, 상습적 부랑(浮浪)은 사형에 처할 죄라고 할 만큼 노골적이고 엄격한 것이었다. 한편 교구(敎區)에서는 빈곤한 사람들을 구제할 의무가 있었다. 그러나 이와 함께 빈곤한 사람들 중에 강건한 자들에게 교구를 위해 노동을 하도록 강제할 의무도 있었다. 봉건적인 사회 조직이 널리 보급되고 지역 사회가 아직 힘을 지니고 있는 한, 법률과 도덕에 의한 노동의 강제는 있었지만, 한편 사회도 어려운 때에는 그들을 굶어 죽지 않도록 하는 법률적·도덕적 의무를 지고 있었던 것이다. 아직은 빈곤이 죄악이거나 또는 치욕이 아니었으며 빈민 구제에 대한 태도도 비교적 관대한 것이었다. 그러나 자본주의의 기초가 놓이고 노동자를 고용하는 조직적 공업이 일반에 널리 번지게 되자, 이와 같은 관대한 태도에 대하여 비난의 소리가 일어나기 시작했다.

1704년에 디포 (Daniel Defoe, 1660~1731, ≪로빈슨 크루소≫를 쓴 영국의 작가)는 〈적선을 하는 것은 자비가 아니요, 빈민의 고용은 국가의 불행이다〉라는 제목의 팜플렛을 간행했다. 빈민을 구제하면 그들은 언제까지든지 게으름을 피울 것이며, 또 그들을 구빈원에서 일하도록 해준다면 이번에는 제조업자가 노동력의 공급원을 빼앗기게 될 것이니, 결론은—현대적인 말로 표현한다면—그들을 노동 시장에 내던져서 만일 거기서 일할 자리를 얻지 못하면 굶어 죽도록 하는 것이 옳다고 논하였다. 그로부터 몇 년 후에 망드빌(Bernard de Mandeville, 1670경~1733, 네덜란드의 의사)은 그의 저서 ≪꿀벌 이야기≫의 결론에서 빈민을 "자극하여 쓸모 있게 하는 것은 오직 궁핍뿐이다. 이 궁핍을 구제하는 것은 현책이지만, 이를 고치는 일은 어리석은 짓이다." 따라서 "사회를 행복하게 하기 위해서는 대다수의 사람이 가난하고 불행해야 할 필요가 있다."고 기술하였다.

18세기 말경, 영국에서 점점 더 힘을 발휘하기 시작한 산업혁명은 이러한 변화의 완성을 이룩했다. 그것의 요구에 의해서 그때까지 주로 농촌에서 일해 오던 사람들을 도시의 공장과 작업장으로 몰아가는 결과를 빚어냈다. 그러나 사회적 관습은 이 새롭고 매력 없는 일에 남녀를 몰아세우지는 못했고, 이런 관습을 만들어 놓기 위해서는 대단히 강한 강제와 자극이 요청되었다. 그래서 엔클러저가 노동자를 농촌에서 떠나도록 하는 원동력을 제공하고 있었던 것이다. 그러나 실업자나 또는 반실업자(半失業者)들에게 그들이 현재 있는 상태에 그대로 있게 할 수 있는 정도의 구제를 해주기 때문에 그것이 브레이크가 되어서, 이 힘으로도 그렇게 빠르거나 강하게 작용할 수가 없었던 것이다.

1785년에 윌리엄 타운센드(William Townsend)는 그의 〈구빈법(救貧法)에 대한 논문〉에서 구제도에 대한 반대 의견을 다음과 같이 담담하게 진술하고 있다.

"기아(飢餓)는 아무리 사나운 동물이라도 길들이듯이, 아무리 고집이 센 인간에게라도 정중한 태도와 예의, 순종과 복종을 가르쳐 주는 것이다. 그러므로, 그들(빈민들)을 노동하도록 자극을 주는 것은 오로지 기아뿐이다. 그런데 우리의 법률은 그들을 굶주리게 해서는 안 된다고 규정하고 있다. 또한 법률에 의하면 그들을 강제로라도 일하게 해야 한다는 규정도 있다. 그러니 법률적 구속에는 허다한 곤란·폭력·소요 등이 따르게 되고, 악감정을 일으키며, 그리하여 결국 훌륭하고 만족할 만한 노동력을 만들어 내지 못하는 것이다.

이에 대해서, 기아는 조용하면서 말없고 끊임없는 압력이 될 뿐만 아니라, 인간을 근면과 노동으로 이끄는 가장 자연적인 동기가 됨으로써 비상한 노력을 자아내고 있다. 그리고 기아가 타인의 관대한 은혜로 만족되어질 경우에는, 선의와 감사의 영속적이고 확고한 기초를 세워 놓는 것이다. 노예에게는 노동을 강요할 수밖에 없다. 그러나 자유인의 경우는 그 자신의 판단과 사려(思慮)에 맡겨야 할 일이다. 그리하여 많든 적든 자기의 재산을 충분히 향유할 수 있도록 보호를 받아야 하며, 그가 만일 이웃의 재산을 범하는 일이 있으면 벌을 받아야 할 것이다."

굶어 죽는 것도 마음대로라고 하는, 자유로운 노동자에게 남겨진 '판단과 사려'라는 것에 관해서는 어딘가 아이러니컬한 데가 있는 것처럼 생각된다. 그러나 이것은 아마 결핍으로부터의 자유와, 법적 구속으로부터의 자유 사이에 어느 것을 택하느냐 하는 딜레마를 그토록 그럴 듯하게, 그러면서도 그토록 단호하게 개진(開陳)한 문헌상의 최초의 예가 아닐까 한다.

윌리엄 타운젠드는 디포나 망드빌에 비하면 훨씬 독창적이지도 못하고 또 유명하지도 못한 저술가에 불과했지만, 경작된 땅 위에 이제 씨가 떨어진 것으로서, 〈구빈법에 대한 논문〉은 열매를 거두게 되었다. 이 형세의 변화가 완전히 이루어지기까지는 꼭 반 세기가 소요되었다. 1834년의 구빈법은 마침내 임금 보조금은 모두 폐지하고 구빈원 밖에서의 자선적 구제를 극도로 제한하여, 19세기풍의 구빈원 제도를 확립했던 것이다.

이젠 법률에 의하여 노동을 강제하는 일이 있을 수 없게 되었다. 강제 노동이라는 것이 이때부터 비난의 대상이 되었다. 법률적 구속이라고 하는 곤란하고 폭력적이며 또 시끄러운 제도 대신에, 기아라고 하는 조용하고 끊임없는 압력이 나타난 것이다. 노동자는 '자기의 판단과 사려에 자신을 내맡긴' 자유인이 되었다. 가족과 함께 굶어 죽는 것도 자유요, 구빈원에 들어가는 것도 자유이며(이 경우는 가족과 헤어져야 했다.), 공장에 들어가는 것도 자유였다. 구빈원의 생활을 공장 노동자의 생활보다도 더 가혹하고 더 굴욕적인 것이 되도록 배려한 만큼 목적은 이루어진 셈이었다. 노동 혁명은 완성되었다. 노동력은 자유 계약하에서 노동자와 고용주 사이에 매매되어지는 하나의 상품이 된 것이다. 이와 같이 해서 노동 시장이 자유 방임의 자본주의적 제도의 불가결한 일부분으로서 확립되었던 것이다.

그러나 새로운 산업 사회의 건설자들이 의식적으로 이 새로운 노동 정책을 고안해 냈다고 생각할 일은 아니다. 중대한 결정이라고 하는 것은, 커다란 역사적 변화가 일반적으로 일어나고 있고 그 방식도 하나씩, 그리고 우연하게 생겨났기 때문이다.

이같은 제도를 만들어 낸 사람이 잔학하고 무지몽매한 자들이었다고도 생각해서는 안 된다. 그들은 영국이 공업화되지 않으면 안 된다는 요청을 받아들인 데 지나지 않았던 것이다. 따라서, 그것을 받아들인 것을 어떤 기준에서 비난할 수 있는 것인지 나는 잘 모르겠다. 그러나 만일 영국이 공업화되기 위해서라면 필요한 시기와 장소에서 노동자를 모집하여 노동을 강제하는 수밖에 다른 방도란 있을 수가 없었다. 그것은 마치 전시에 나라를 지키는 일이 필요하다는 이 공준(公準)을 받아들일 경우, 필요한 시기와 장소에서 병사를 모집하여 전투를 강제하는 수밖에 별 도리가 없는 것과 마찬가지이다.

19세기의 실업가들은 노동자를 일하게 하는 유효한 방법을 생각해 낸 것이다. 그것은 좀더 현대적인 표준에서 본다면 확실히 인정 있는 방법은 아니었다. 그러나 이 목적을 달성할 수 있게 하기 위해서 좀더 인정있는 어떤 방법이 있을 수 있겠는가는 생각하기가 어려운 일이다. 타운센드의 견해에 의하면, 법적 강제하에서의 노동은 '훌륭하고 만족스러운 노동력'을 제공할 수가 없다고 생각되며, '자유로운' 노동은, 가령 그 자유가 굶어 죽는 것과 19세기 초의 구빈원, 그리고 19세기 초의 공장 중에 어느 하나를 택한 자유에 지나지 않는다 할지라도 장점이 있다. 이런 타운센드의 견지에도 이치에 닿는 면이 있다고 말할 수 있다. 아무튼 공평하게는 해야 할 것이다.

그 방법은 냉철한 실제적 인물들에 의하여 경험적으로 만들어진 것이었다. 그 뒤에 거기에 대한 합리화가 이루어져 일반적인 자유 방임 철학에 잘 조화되었던 것이다. 사회는 경제 질서의 작용에 간섭할 필요가 없어졌다. 오히려 간섭하지 말아야 한다는 의무가 지워진 것이다. 왜냐하면 그 작용에 의해서(한 번 더 지난번 강연에서 인용한 매콜리의 말을 빌리면) '근면과 지혜'에는 번영이라고 하는 '당연한 보수'가 주어지고, '나태와 우둔'에는 빈곤이라고 하는 '당연한 벌'이 주어지는 결과가 생긴 까닭이다.

자기 상대와의 경쟁에서 진 기업가는 시혜나 근면에 있어서 상대보다 열등한 것으로 인정되어 결국 파산 선고라는 불행과 망신을 당하게 되는 것과 마찬가지로, 동료 노동자들과의 경쟁에 패한 노동자는 바로 그 사실에 의해서, 나태와 우둔의 죄를 뒤집어쓰고는 빈곤과 불결이라고 하는 형벌을 받게 되는 것이 당연한 일로 되어 버렸다.

부의 소유가 미덕의 보상이라면 빈곤은 악덕의 증거가 되었다. 테니슨(Alfred Tennyson, 1809~92, 영국의 시인)이 방언을 사용한 어떤 시에서 말했듯이 '구빈원의 가난뱅이는 못된 놈'이라고 할 수 있었다. 신비적인 섭리의 작용은 이와 같이 입증될 수가 있었다. 망드빌이 말한 것처럼 "사회를 행복하게 하기 위해서는 대다수의 사람이 가난하고 불행할 필요가 있는 것이다." 그런데 이 가설은 그들이 나쁜 사람들이기 때문에 빈곤하다는 가정에 의하여 용납되었다. 사회적 안정은 사회의 수레바퀴를 돌아가게 하기에 충분한 정도의 악은 항상 있고, 그렇기 때문에 항상 빈곤이 있게 마련이라는 이 무언의 신앙에 근거하고 있었다. 아마 오늘날에도, 공공사업에 상당한 인원의 죄수를 활용하고 있는 나라의 정부는 이와 같이 죄수의 공급을 계속 유지해 주는 하늘의 뜻에 때때로 감사를 드리고 있을 것이다.

대체적으로 말해서, 이처럼 수립된 노동 장려 제도는 그 밖의 자유 방임적인 기구와 함께 19세기 말에 이르기까지는 그대로 유지되어 왔는데, 그 가혹성을 완화시키고자 하는 보호 조치라는 것도 그 기구를 원활치 못하게 할 만큼 그렇게 광범한 것은 아니었기 때문이다.

이미 확립된 노동 습관을 유지하는 데는, 처음 이 습관을 만들 때보다는 덜 잔인한 압력으로도 충분했다.

초기의 인도주의적 입법은 공장과 광산에서의 노동 조건을 개선하는 일에 지향되었고, 가혹한 구빈법과 그 실시가 완화되기에 이른 것은 훨씬 후의 일이다. 이런 까닭에 그때까지는, 일하기 싫어하는 자를 없애기 위하여 공장 생활을 덜 가혹하게 하고 구빈법과 구빈원을 더욱 엄하게 함으로써 이 양자간에는 뚜렷한 갭이 유지되어 온 것이다. 공공의 생활 보조를 받는다는 것은 빅토리아조 시대의 도덕으로는 더할 나위 없는 치욕이었으므로, J. S. 밀(John Stuart Mill, 1806~73, 영국의 경제학자·철학자) 같은 진보적 개혁론자도 이 수치스런 상태에 있는 사람들에게 투표권을 주어야 할 것인가 하는 생각에는 몸서리를 치고 후퇴했던 것이다.

그럼에도 불구하고 19세기가 더 계속되어 나감에 따라, 자유 방임 철학의 이러한 측면은 점점 비난을 받게 되었다. 1880년대에 찰스 부스(Charles Booth, 1840~1916, 영국의 사회 문제 연구가)는 런던의 빈민굴에서 대규모적인 조사를 하였으며, 그 다음 1890년대엔 론트리(Benjamin Seebohm Rowntree, 1871~1959)가 요크에서 그보다 소규모적이기는 해도 좀더 정밀한 조사를 하였다.

1906년에 자유당이 승리를 거둔 후, 사회 봉사가 급속히 확장되어 새로운 사조(思潮)의 징조를 띠게 되었다. 1914년경에는 진심으로 빈곤과 악덕을 동일시한다거나, 또는 빈곤한 자는 자기 자신의 결함에서 온 '당연한 형벌'로서 가난할 수밖에 없다고 믿는다거나 하는 것은 더 이상 유지될 수 없는 생각이 되었다. 빈곤은 이제 하나의 사회적 병으로 진단되어, 더이상 건전한 경제에 불가결의 요소로서 간주될 수가 없게 되었다. 자유 방임의 노동 철학이 뒤집혀지고 만 것이다.

이러한 변화는 단순히 인도주의적인 감상이나 또는 사회적 양심이 성장하여 생긴 것은 아니었다. 자유 방임의 자본주의를 몰락케 한 다른 요인들과 마찬가지로, 그것은 자본주의 자체 내에서 형성되어 가고 있는 응결력으로부터 직접 생겨난 것이다. 자본가들이 고립된 개인으로서 서로 경쟁을 하지 않고, 그들의 능률을 높이며 흥정하는 입장을 강화시키기 위해서 점점 더 큰 연합을 형성하기 시작한 것과 같이, 이와 똑같은 동기에서 노동자들도 단결하여 점점 더 큰 노동 조합을 만들어 가기 시작했다. 개개의 기업가가 개개의 노동자를 고용하고 해고하는 대신에, 대회사가 커다란 노동 조합을 상대로 단체적 노동 계약을 맺도록 되었다.

그러자 독점에 대하여 일어났던 것과 같은 반대의 소리가 노동 조합에 대해서는 좀더 귀에 거슬리게, 그리고 좀더 집요하게 일어났다. 이 항의의 근거도 똑같았다. 즉, 독점 자본가와 마찬가지로 노동 조합도 개인들 사이의 무제한적인 경쟁 대신에 집단적인 연대를 지니게 된 것이다. 결국 제조업자가 동업자들을 값싸게 팔아넘기거나 또는 그들의 시장을 짓밟지 않기 위해, 카르텔에 가입한다거나 또는 성문, 혹은 불문의 가격 협정을 맺는다거나 하는 것과 마찬가지로 노동 조합의 본질은 조합원이 노동 시장에서의 경합을 금하는 점에 있었다.

전체 사회의 이익이 된다는 가정에 입각하여, 부적격자와 무능력자를 전멸시킬 정도로까지 서로 경쟁을 벌이는 것, 인간은 이와 같은 일을 거절하였다. 따라서 이 거절이 바로, 미덕은 자동적으로 보상을 받고 나태는 자동적으로 벌을 받는다고 하는 원리에 입각한 경제 체제를 때려부수고 만 것이다.

그러나 이와 같은 발전은 점진적으로 한걸음 한걸음 나간 것이다. 조직에 들지 않은 노동자는 소기업과 더불어 잔존했고, 노동 조합 자체가 작아서 다른 노동 조합과 결합하기가 곤란한 경우도 많았다. 대체적으로 말해서, 1914년 이전엔 노동 조합의 흥정 능력은 기업가와 상대가 되지 않았다. 그렇다고는 해도 어쨌든 개개의 노동자가 개개의 고용자의 처분에 완전히 매달려 있던 시대는 지나가 버린 것이다. 그러나 노동 조합 대표자들은 아직도 대회사의 경영진을 상대로 하여 자기들에게 유리한 계약을 맺기에는 이르지 못했다. 회사 쪽은 기다릴 수 있었지만, 거리에 내던져진 사람들은 조합의 빈약한 기금이 동이 나면 굶어 죽게 되어 있었다. 기아의 공포는 여전히 노동장려법의 구실을 했던 것이다.

노자(勞資) 쌍방에 대규모적인 조직이 발달해도 노동자는 한 세기 전과 똑같이, 다음해 어니스트 베빈(Ernest Bevin, 1881~1951, 영국의 정치가)이 말한 대로 '무엇보다도 가장 적합치 않은 징벌, 즉 경제의 채찍'에 의해서 여전히 노동에 쫓기고 있었던 것이다.

노동 장려법으로서의 기아의 공포와 징벌의 도구로서의 '경제의 채찍'에 대하여 광범위한 반항이 일어난 것은 겨우 20년밖에 되지 않았다. 따라서 우리는 이제야 이 성과의 크기와, 이것이 산출해 내는 새로운 문제의 의의를 이해하기 시작할 따름이다. 여기서도 역시 대량 실업이 자유 방임 경제가 몰락하는 데 결정적이고 역사적인 요인이었는데, 남아 전쟁(南阿戰爭) 이후 영국에 있어서의 실업 파동이 하나의 결정적인 전환점이었다. 실업과 빈곤이라고 하는 불행은 결코 나태나 무능에 대한 형벌이 아니라는 것, 그것은 하느님이 내리시는 비와 마찬가지로 정직한 자에게나 부정한 자에게나 똑같이 떨어진다는 것, 그리고 또 그 원인은 개인이 변경하거나 또는 심지어 정확히 진단조차 할 수 없을 정도로 깊은 것이라고 하는 것이 처음으로 오해나 은폐의 여지가 없을 만큼 분명해진 것이다.

1909년에 비버리지(William Henry Beveridge, 1873~?, 영국의 경제학자·정치가)라고 하는 젊은 사회 문제 연구가가 ≪실업—산업의 한 문제≫라는 책을 내놓았는데, 제목부터가 새로운 것이었고 또 하나의 도전이었다. 제1차 세계대전 후 1920년대 초기의 대량 실업과 1930년대 초기의 대불황은 사람들의 마음속에 옛 교훈을 되새기게 하였을 뿐 아니라, 여기에 새로운 교훈을 주었다. 그것은 실업은 산업의 문제만이 아니라 사회의 문제라고 하는 것이었다.

널리 통용되게 된 두 개의 비통한 용어—실업보험법에 의한 '실업 수당'과 실업 수당을 받는 자의 '수입 조사'—는 당시의 논쟁을 상기시키고 있다. 그러나 대불황을 통하여 결국 직업을 갖고 있든 또는 실업 상태에 있든 간에 노동자의 생계를 충분히 유지하도록 하는 것은 공공의 의무라고 하는 견해가 영국에서 일반적인 승인을 얻기에 이른 것이다.

복지 국가의 구조는 20년 전 로이드 조지(David Lloyd George, 1863~1945, 영국의 정치가)가 만들어 놓은 토대 위에 세워지기 시작했고, 제2차 세계대전은 이 과정을 촉진시켰다. 1944년에 연립 내각은 백서(白書)에서 "전후에 고용의 수준을 높이고 안정시키는 일을 정부의 가장 중요한 목표와 책임의 하나로서 인정한다."고 엄숙히 선언했다. 1945년 이후 노동당 내각은 이 의무를 인계하여 사회 봉사라고 하는 이미 당당해진 건물을 더욱 새롭고 튼튼하게 해놓았다. 그 구조의 세부는 반대당의 통렬한 비판을 받았지만, 그 주요 기둥—완전 고용·보건 제도·식량 보조금—은 모두가 보수당의 명백한 지지를 얻은 것이었다. 지금까지 우리는 복지 국가에 이르는 길을 따라온 것이다.

그러나 '경제의 채찍'으로부터 복지 국가로의 전환은 곤란한 문제를 초래한다. 복지 국가를 비판하는 사람들은 사회 봉사의 향유와 생활 수준의 향상이 노동자의 창의성과 독립심을 약화시킬 것이라고 논하고 있다. 그러나 실은 정반대이다. 19세기의 고용주가 두려워한 것은, 노동자에게 너무 많은 원조를 해주어 생활을 지나치게 풍족히 해주면, 그의 독립심을 약하게 하는 것이 아니라 강하게 만들어서 산업상의 규율의 제재를 잘 받지 않게 한다는 점이었다.

오늘날 걱정스러운 일은 바로 이 점이다. 이전처럼 조합 자체의 적립금에서 실업자의 생활을 유지하는 것이 아니라 공공의 기금에서 생활을 유지한다고 하는 사실이 알려짐으로써 노동 조합의 흥정 실력이 커지기 시작한 것은 제2차 세계대전 전의 일이었다. 복지 국가와 완전 고용이 결합됨으로써, 노동자는 얻는 것만 있을 뿐 잃는 것이 거의 없다고 느낄 수 있을 만한 상황에 이르렀다. 이러한 조건은 임금 인상을 요구하는 압력의 길을 열어 놓은 것이 되며, 이 압력은 물가가 오르고 생활이 점점 어려워져 가는 시기에는 불가항력적인 것이 되기가 쉽다.

이 중대한 문제가 일반적으로 묵살되어지고 있는 것처럼 보이는 것은 현대적인 사회 정세가 불안하고 불건전하다는 하나의 징후이다. 이런 문제를 제기하고 있는 것은 복지 국가에 반대하는 완강한 저항자들뿐이다. 그들이 적극적으로 그것을 논의하려고 드는 것은 마음대로 노동자를 고용하고 해고할 수 있는 세계와 경제의 채찍에 돌아가고 싶어하는 향수적인 동경과 연결되어 있기 때문이다.

1942년 말에 비버리지 보고가 제출되었을 때 한 유명한 금융업자는 〈타임스〉지에 보낸 투서에서 "비버리지 보고의 비판자들은 기아의 공포, 그것이 자극이라고 말하고 있다."고 쓴 바 있다. 재군비가 시작되기 전에 자주 들었던 이론이지만, 이와 마찬가지의 가설을 좀더 점잖게 표현한 것으로는, 우리의 문제가 실업이라고 하는 묘약에 의해서 해결될 수 있으리라는 견해가 있었다. 물론 이것은 더할 나위 없는 진실이다. 그러나 그렇게는 생각지 말도록 하자. 물론 기아의 공포는 자극이 된다. 이는 19세기를 통하여 이미 증명되었다. 또 물론, 실업자가 속출하면 공장의 규율이 잡혀 갈 것이다. 다만, 이러한 제재에 관해서 문제가 되는 것은 그것이 효과가 없다는 것이 아니라, 그것은 오늘날의 문명 사회에서는 용인되지 않으며, 그래서 결국 사회 조직을 파괴할 조건에서밖에는 그것을 강행할 수가 없다고 하는 점이다.

그와 같은 제재는 시시각각 과거의 것으로 넘어가고 있다. 그것을 존속시키려 하는 사람들의 눈은 우리가 이미 지나온 해안의 폐허만을 바라다보고 있는 것이다.

이러한 기분은 이전의 지배 계급이나 특권 계급 사이에 많이 남아 있는데, 여기에서 논리적이고 또 극히 중대한 결과가 나오고 있다. 그것은 노동자들 사이에도 그와 똑같은 기분이 남아 있도록 하기 때문이다. 노동자들 역시—동경해서가 아니라 걱정스러워서—폐허 쪽을 돌아보는 경우가 많다. 그들도 역시 과거의 자유 방임 세계의 광경에 마음을 빼앗기고 있는 것이다. 여기엔 두 가지 이유가 있다.

첫째로 노동자들은 19세기의 선배가 그들에게 가르쳐 준 교훈을 뼈에 사무치도록 터득해 왔다. 신학자들로부터는 노동은 원죄에 의하여 인간에게 부과된 저주라는 것을 배웠으며, 경제학자들로부터는 노동은 오직 좀더 큰 선을 얻고 좀더 큰 악을 피하기 위해 겪어야 하는 '비효용(非效用)'이요, 또 노동력은 수요 공급의 법칙에 따라서 그 가격이 변동하는 상품이라고 하는 사실을 배웠던 것이다. 개인은 자기의 이익을 고려하여 움직이며 또 그렇게 하는 것이 당연하다고 하는 것, 그리고 이러한 고려는 사회에 대한 그의 의무와 동일하다고 하는 냉소적인 학설을 노동자는 고용주로부터 이어받아 왔다.

기아와 실업의 공포라고 하는 옛 자극이 제거된다고 해도, 흥정의 조건이 극적으로 호전된 순간, 애써 얻은 노획물이라고도 할 고용주와의 관계에 대해 전통적인 견해를 폐기하도록 설득하지는 못할 것이다. 만일 노동자가 이기적으로 행동한다고 비난을 받는다면, 그는 그렇게 행동하도록 가르침을 받아 왔다고 대답할 수 있을 것이다. 백년 이상이나 노동자는 인간이 일하는 것은 오직 물질적인 보수를 얻고 육체적인 벌을 면하기 위해서일 뿐이요, 자기가 속한 사회의 복지에 관계된 의식적 목적을 위해서가 아니라고 하는 점을 배워 온 것이다.

이러한 관점에서 본다면, 스트라이크 · 사보타지 · 결근 · 태업 등은 노동자가 고용주에 대해서 경제의 채찍을 정당하게 사용하는 것이라고밖에는 볼 수 없다. 이는 고용주가 노동자를 향하여 전에 휘둘렀던 기아와 빈곤이라고 하는 경제의 채찍과 똑같이 정당한 것이다. 노동자가 드디어 게임의 룰을 충분히 터득해서 자기에게 유리하게 활용할 수 있게 되는 순간, 보스들—고용주 · 정부 · 지배 계급 일반—은 그 룰을 변경하려 한다고 노동자가 느끼는 데에는 그럴 만한 이유가 있는 것이다.

둘째로, 노동자들은 고용주가 고용하고 해고하며 굶주리게 해서 경제의 채찍을 휘두르던 구세계(舊世界)는 실제로 죽었다고 하는 신념을 나만큼 그렇게 강하게 지니고 있지 못하다. 정말이지 나의 관측이 너무 낙관적이었는지도 모를 일이다. 복지 국가를 향해 떠난 배가 다시는 돌아오지 않으리라고 보았던 그 해안에 결국 되돌아와 과거의 폐허에 또다시 정박하게 되는지도 모르겠다. 정부만이 아니라 모든 정당이 완전 고용 정책을 유지하겠다고 되풀이한 공약도 노동자들 사이에 확신을 가져다 주지 못하고 있음이 확실하다. 왜냐하면 노동자들은 과거의 실업에 대한 생생한 기억을 지니고 있을 뿐 아니라, 이후의 실업에 대해서도 심한 공포를 지니고 있기 때문이다.

이러한 의혹은 정당화될 수 있는 것인가? 공약은 실제로 믿어도 좋은 것인가? 우리 주위를 돌아보면, 불안한 징후를 발견할 수 있을 것이다. 오늘날 연합군 당국의 눈앞에서, 독일과 이탈리아 양국에서 대량 실업이 속출하고 있다. 영국 정부는 이를 저지할 수는 없었다고 하더라도 이같은 상태를 야기시킨 정책에 한 번이라도 항의해 본 일이 있었는가? 영국 국내에서라도 현재 나 또는 장래의 정부가, 만족이 주어지면 실업을 불가피한 것으로 만들 요구에 저항할 수 있을 만큼, 그렇게 항상 강하리라는 것을 우리가 확신할 수 있을 것인가?

원료의 부족에 의해 실업의 위협이 생기게 되었다고 가정할 때, 실업이라는 묘약에 의해서 공장의 규율이 개선될 수 있다고 말하는 사람들이 과연 이 위협을 환영할 뿐만 아니라 심지어 그것을 촉진하지 않으리라고 우리가 확언할 수 있을 것인가? 이같은 의문이 현대에 만연된 불안의 배후에 깔려 있는 것이다.

우리는 산업 노동자를 센티멘털한 음영(陰影)으로 둘러쌀 필요는 없을 것이다. 그들 가운데는—사회의 다른 방면에서보다 더하다고는 할 수 없을지 몰라도—일을 아주 안이하게 생각하는 이도 있으며, 또 좋은 기회가 있으면 그것이 오래 가지 않으리라는 생각에서, 그 기회를 놓치지 않는 이도 있다. 그러나 아직도 상당수의 사람은 과거의 유한(有限)과 미래의 공포 속에서 지내고 있다. 실업의 공포, 그것으로부터 과거의 방법은 사실상 청산된 것인가 하는 의혹, 이러한 것이 노동자가 새로운 사회로 접근해 나가는 데 있어서 무엇보다도 가장 큰 장애가 되고 있다.

이렇게 노사가 서로 비난을 퍼붓는 일도 유익한 일이다. 왜냐하면 노동자들이 좀더 높은 견지에서 그들의 사회적 의무를 생각해 달라는 고용주나 정부 대변인, 또는 목사나 노동 조합 지도자들의 권고에 대하여 오늘날 어째서 선뜻 응하지 않는가 하는 것을 이해하는 일이 필요하기 때문이다. 그러나 때로는 이렇듯 서로 비난을 퍼붓는 일이 유익할는지는 모르지만, 결코 건설적인 것은 아니다. 따라서 서로 비열하고 추한 싸움을 해 보았으니, 이제 우리는 자기 비판을 하고 우리가 어디에 서 있는가를 발견해야 한다.

금세기 초 이래 있었던 사건을 총괄해 본다면, 그것은 산업혁명이 이룩해 놓은 견고한 기초 가운데 하나를 파괴해 온 것이었을 뿐 아니라, 한때 친숙하고 일반적으로 받아들여졌던 학설로 우리를 다시 이끌어 가고 있는 것이다.

이 학설이란 첫째, 사회는 그 모든 성원에 대해서 적당한 생활 수준을 보장할 의무가 있다는 것이고, 둘째, 사회는 그 성원의 능력에 따라 유용하고 생산적인 일을 줄 의무가 있다는 것이다. 그러나 정세의 변화는 또한 이 두 학설의 필연적인 귀결인 셋째 학설—사회는 성원이 그 일을 수행하는가를 볼 의무와 권리를 다 갖는다는 것—을 회복하기에 이르고, 이것을 회복한다는 것이 절대적으로 필요해졌다. 1943년 하원에서의 연설에서 베반은 "어떤 의무를 지지 않고는 이 나라에선 사회 보장을 얻지 못한다."고 말하였다. 그렇다고 해서 산업혁명 이전에 행하여졌던 사회적 의무의 개념으로 돌아가는 것이 과거 상태의 단순한 부활이라는 형태를 취하게 되지 않을까 생각한다면 어리석은 일이다.

1세기의 역사는 간단히 씻어 버릴 수 없는 일이다. 산업혁명 이전의 사회적 습관이나 노동장려법은 다시 찾아볼 수 없다. 우리가 지금까지 성취한 일은 지난 한 세기 동안 산업의 수레바퀴를 돌려 온 철학과 습관, 그리고 자극을 파괴시킨 일이었을 뿐, 그것을 대치할 만한 것을 산출하지는 못했다. 앞으로 해야 할 일은, 노동의 새로운 사회적 관습을 자극하고 강화할 새로운 철학을 창조하는 것 이외의 아무것도 아니다.

우선 가장 간명한 자극이라고 생각되는 것은 노동 결과에 있어서의 노동자의 몫을 증가시키는 방법이다. 기아와 실업이라고 하는 '경제의 채찍'은 이제 참기 어렵고 용인할 수 없는 것이 되었다. 그래도 자유 방임 철학의 토대가 되는 이러한 경제적 동기의 기초를 폐기하고 싶어하지 않는 사람들은, 경제적 형벌이라는 소극적 브레이크 대신에 경제적 보수의 증가라는 적극적인 유인을 쓴다는 생각에 의뢰하고 있다.

높은 임금을 받고 그래서 높은 수준의 생활을 향유하는 사람이 대체로 낮은 임금을 받고 사는 사람보다 더 생산적인 일을 할 수 있다는 것은 분명한 사실이다. 또한 인심 좋게 품삯을 올려 주면 적어도 한동안은 생산을 자극할 수 있다는 것도 사실이다. 그러나 이러한 관측에도 한계가 있는 것이어서, 그것을 넘어서면 곧 결핍의 공포를 대치시킬 주요 자극제로써 임금을 올려 주는 것이 좋다고 보는 오류가 분명히 드러나게 된다.

이 현상의 결과는 일목요연한 것이다. 결핍의 공포라는 것은 근본적이고 동물적 힘이기 때문에, 그것은 고상한 어떤 경제적 동기와도 그저 정도상으로만이 아니라 그 순수한 본질에 있어서까지 다른 추진력을 지니고 있다. 따라서 민간 기업체의 지지자들이 그것을 유일하고 적절한 노동장려법으로서 이기주의적 경제 철학 속에 끌어들인 것은 옳은 일이었다. 여기에 비하면, 고임금의 매력에는 이러한 보편적 추진력이 결여되어 있는 것이다. 고임금에 의해서 소득이 커지면 그 이익을 수입의 증가라는 형식으로 받아들이지 않고 자기 자신을 위한, 또한 자기 처자를 위한 여가의 증가라는 형식으로 받아들이려는 경우가 있다. 처자를 더 이상 일하러 내보내지 않아도 된다는 뜻이다.

그러므로 임금이 올라가면 오히려 생산이 떨어지는 현상이 나타날 수도 있는 것이다. 기아를 면하려는 욕망은 인간의 보편적인 동기인 데 대해서, 생활 수준을 높이려는 욕망은, 일단 어느 정도의 생활 수준에 이르면 규칙적인 것이 아니라 오히려 예외적인 것이 될 수 있다. 보수를 높여 생산을 자극하려고 하는 것은 최상의 경우라도, 재산의 낭비와 같은 것이 된다.

맥빠진 노동장려법을 소생시키고자 고안해 낸 제2군의 구제책은 노동자의 보수가 아니라 노동자의 지위에 관한 것이다. 조직과 규율 문제에 대하여 권한을 갖는 노동자 위원회의 설치, 생산 원가와 손익 감정에 대한 노동자 대표의 관여, 중역 회의에 노동자 대표의 참가, 노동자에 대한 이윤 분배제와 노자 협력 방식, 그리고 이와 유사한 많은 방안이 시험되거나 주창되어 왔다. 그런데 총체적인 의견은 이러한 방법은 너무 지나치지 않게 수행되는 한 유효하다는 것이다.

노동 조건의 개선이나, 경영자측과 노동자측 간의 협의 기회의 증가는 언제나 환영되었고 또 불평을 완화시키고 있다. 그러나 이같은 것은 신선한 자극을 만들어 낸다거나 또는 노동자에게 기업의 성공이 자기 자신의 문제가 되고, 최대의 작업 능률을 올리는 것을 도덕적 의무로 생각케 할 만큼 그렇게 적극적인 효과는 별로 지니고 있지 못하다. 이러한 모든 노력에 어떤 거짓 요소가 따르고 있는 것은 그런 경우에 종종 쓰이는 '산업 민주주의'라고 하는 슬로건에 드러나고 있다. 하나의 사업체가 민주적 통제 방법으로는 경영될 수 없다는 사실은 노동자를 포함한 모든 사람이 다 알고 있는 일이다. 따라서 여기서 말하는 민주주의는 고작해야 옛날 직할 식민지에서 채용했던 민주주의와 흡사한 것이다. 그 경우 중대한 문제에 대해서는 표결을 거쳐도 총독이 지명한 대표가 인민이 선출한 대표를 이기게 되었던 것이다.

노동의 새로운 자극이 얻어지리라고 생각되는 세 번째 방법은 산업의 국유화이다. 이것은 특정한 공장이나 산업의 국면에서가 아니라 국가적인 국면에서의 산업 민주주의의 관념을 나타내고 있는 것이다. 이는 다른 것에 비하여 훨씬 현실적이고 실질적인 주장이다. 소위 민간 기업의 본질은, 그것이 대규모적인 독점이나 과점의 형태를 취할 때라도, 노동자에게 경제적인 호소밖엔 할 수 없다는 점에 있다. 그것의 실제의 목적은 이윤 추구이며, 그 노동 철학은 물질적 이익을 유일한 효과적 자극으로 인정하는 것이다. 민간 기업이 이 전제에서 일단 떠나면 그것은 공익 사업이 되는 것이니, 그런 이상 이를 공익 사업으로 인정하여 공익 사업으로 조직하는 편이 더 낫다.

자주 말해져 왔듯이, 국가나 지방 자치체의 사업이나 또는 공공 기업체에 고용되어 있는 노동자의 태도가 민간 기업에 고용되어 있는 노동자의 태도와 옛날이나 지금이나 크게 다르지 않다는 것은 사실이다. 그러나 이것은 적절한 입론(立論)이라고는 할 수가 없다. 중요한 정책 결정에 관한 한 국민 경제가 단일한 통일체라는 것은 노동자들도 잘 알고 있다. 영국에서도 산업 정책을 좌우하고 있는 것은 아직도 국유 산업 부문은 아니다. 노동자가 완전한 그리고 평등한 파트너로서 그 산업의 경영과 경제 정책을 포함한 사업의 운영에 완전히 참여할 수 있는 사회에서, 우리가 노동자에게 일하도록 권유한 일은 아직껏 한 번도 없었다. 나로서는 중요 산업 부문의 국유화가 바로 순수 경제적인 자극으로부터 노동자의 사회적 의무감을 포함하는 자극으로 전환시키는 데 필수 조건이 된다고 믿고 싶다.

따라서 나는 지난번 강연에서, 우리가 현재의 궁지에 처하여 어째서 전술한 것과 같은 사회주의를 향해 나가야 하는가—그렇지 않으면 왜 멸망할 수밖에 없는 것인가—하는 이유를 개진한 바 있는데, 그 이유에다가 이것을 또 하나 추가하고자 한다. 그러나 산업 국유화가 우리의 문제를 해결하기 위한 선행 조건이 될 수는 있다 해도 그것 자체만으로는 해결을 주지 못한다. 또한 어떠한 종류의 사회주의 질서에서도 노동 장려법은 근본적인 곤란을 지니고 있으므로, 이를 그저 얼버무려 넘기려는 것이 나의 목적은 아니다.

이 주제를 논함에 있어서 '노동'이라고 하면 그것이 마치, 그저 일인 것처럼 생각하는 것이 보통이다. 이는 국제 무역을 논할 때 '수입'과 '수출'이라고 하면, 우리가 사고파는 것이 바로 수입이요 수출이라고 생각하는 것과 똑같은 일이다. 물론 노동은 그저 일이 아니다. 이 강연을 하고 있는 것도 나의 관점에서 말한다면 노동이다. 기사들이 내 목소리를 여러분에게 전해 주는 장치를 조정하고 조작하고 있는데, 이것도 노동이며 사무실에 앉아서 서류에다 글씨를 쓰고 서류를 분류하는 이들이 있는데, 이것도 노동이다. 트럭을 운전하고 기계를 정비하며, 상점에서 물건을 팔고, 또 땅을 파고 석탄을 캐내며 벽돌을 쌓고 쓰레기를 줍는 사람들이 있다. 이 모두가 노동이다. 이 이외에도 일의 종류는 헤아릴 수 없을 만큼 많이 있는데, 그 일로 생계를 유지한다고 하는 전문적인 의미에서 본다면 모두가 노동이라고 할 수 있다.

전국민은 자기가 그 일원이고 그 혜택을 받고 있는

사회를 위해서 노동할 의무를 지니고 있을 뿐만 아니라 노동의 거부는 벌을 받게 된다고 말하더라도, 이 주장에 대해서 일반의 동의를 얻기란 쉬운 일일 것이다. 그러나 이런 일반적 원리는 인정해도, 가령 존 스미스라는 사내가 벽돌을 쌓고 땅을 파지 않는다면 벌을 받는다거나, 베티 존스라는 여자가 기계를 돌보고 병원 마루를 청소하지 않으면 벌을 받는다고 하는, 특수적 명제를 승인하는 데까지 넘어가는 데는 아주 먼 길이 되고 있다.

그러나 이러한 일―그 밖에 여러 가지 일도―은 사회가 존속하려고 할 경우, 사회로서 수행하지 않을 수 없는 일이라는 것은 논의의 여지가 없다. 문제는 어떻게 사람들을 노동하게 하는가 하는 단순한 일반론에 있는 것이 아니라, 어떻게 특수한 개인을 특수한 일에 잘 조화되도록 맞추는가, 또 그래서 어떻게 그 일의 능률을 높이는가 하는 것이다.

자유 방임의 민간 기업적 자본주의 제도는 타운센드가 말한 대로 '조용한 무언의 끊임없는 압력'이라는 기아의 압력에 의해서 이를 성취하였다. 그와 같은 강압수단을 단호히 배척한 새로운 사회는 같은 목적을 달성하기 위하여, 이에 뒤지지 않는 효과적인 다른 수단을 찾아내지 않으면 안 된다.

이제 우리는, 우리로 하여금 노동하게 하는 자극이 무엇인가 하는 데 관해서 음미하거나 반성해 볼 사람이 얼마 되지 않는다는 사실을 인정하고 시작해 보기로 하자. 우리가 하는 일은 이미 하나의 정상적인 사회적 습관이 되어서, 만일 사무실이나 공장에 출근하는 도중, 매일 혹은 매주 걸음을 멈추고 우리는 왜 그 일을 하고 있는가를 자신에게 묻는다면 그야말로 견딜 수 없는 일이 되고 말 것이다. 그럼에도 불구하고 사회적 형태를 결정하고 있는 것은 의식적으로나 무의식적으로 타당하다고 인정된 자극이다. 따라서 이 자극이 없다면 사회적 형태는 점점 희미해져서 해체되고 말 것이다.

현재 우리 주위에서 일어나고 있는 일은, 구체제의 자극은 힘을 잃고 노동 습관은 쇠퇴해 가고 있는데도 새로운 사회의 자극은 아직도 생겨나지 않았다고 하는 것이다. 그러나 인간이 노동할 필요를 느낀다는 것, 인간은 노동을 통해 다른 무엇에서도 얻지 못하는 만족을 얻고 있다는 것, 그리고 그것이 어떤 의미를 지니고 있고 어떤 목적에 도움이 되는 것으로 느껴지는 한, 그 일이 아무리 힘이 들고 아무리 지루하며 또 외견상으로는 아무리 보잘것 없어 보일지라도, 그로부터 이러한 만족을 얻을 수 있다는 것은 부정할 수 없는 사실일 것이다.

실제로 서로 다른 사람들이 서로 다른 종류의 노동으로부터, 서로 다른 갖가지 만족을 얻고 있다. 이 만족의 차이는 각 사람이 행한 그 노동의 객관적인 차이에서보다도 그들 각자의 기질적 차이에 더 의존하는 것이 아닌가 생각한다. 그러나 인간성 그 자체 속에, 사회의 존립에 필요한 일을 수행시키는 노동에 대한 충동이 있다고 생각하는 것은 하나의 착각이다. 인간성이라고 하는 것은 충분히 강력한 외적 자극에 대하여 반응할 수 있는 소재를 제공하는 데 불과하다.

필요한 자극에는 적극적인 것과 소극적인 것의 두 가지 종류가 있다. 우리가 이미 보았듯이, 보수를 증가시킨다든가 유인을 증대시킨다든가 하는 것만으로는 충분치가 못하다. 예를 들면, 당나귀에게는 당근도 보일 필요가 있지만, 채찍도 보일 필요가 있는 것이다. 나는 내 적성에 맞는 일을 선택할 수 있었다는 점에서 다른 사람들보다 행운아라고 생각한다. 나는 그저 하고 싶어서 일한 때도 많았지만, 무엇인가 얻기 위해서 일한 때도 많았다. 그러나 솔직히 말해서 일을 그만두면 이런저런 불쾌한 결과가 생기게 되리라고 생각되어 일한 때도 종종 있었다. 잘 반성해 보면, 이런 상황은 모든 사람이 다 같으리라고 생각된다. 누구나 일을 하는 데는 잡다한 동기가 뒤섞여 있다. 그런데 우리를 노동하도록 하는 의식적·반의식적·무의식적인 충동의 기묘한 덩어리 속에는 항상 불쾌한 결과를 피하려는 욕망이 들어 있다고 믿는다.

새로운 사회에서 노동의 적극적인 자극을 만들어 내기란 쉬운 일이 아니라고 생각된다. 그러나 무엇보다도 가장 힘든 일은 기아라고 하는 궁극적인 제재—즉, 경제의 채찍이라는 낡은 방법—를 대치할 궁극적인 제재를 고안해 내는 일이다. 더욱이 경제를 정치로부터 분리시킨다는 주장을 보기좋게 배척하고 경제 체제의 자율성을 부정하는 사회에 있어서는 이 제재란 사회의 어떤 의식적 행위 속에서만 찾을 수 있는 것이다. 이젠 우리 대신에 잔심부름을 해주는 '보이지 않는 손'에 더 이상 의뢰할 수가 없다.

사실, 노동 관리의 최고 권력이라는 것이 국가 기관에든 노동 조합 기관에든 어쨌든 사회의 품에 귀속되리라는 전망—이는 불가피할 것으로 보인다—에 대해서 나는 일부 사람들처럼 그렇게 두려워하지는 않는다. 그것이 자본주의 이전의 조건으로 복귀하는 것이라고 한다면 정말 두려워할 만한 일이 될 것이다.

자유 방임주의에 따르는 경제의 채찍이라고 해도 그 시대의 농노적(農奴的) 상태에 비하면 확실히 한 단계 진보한 것이었다. 그러므로 상대적인 의미로는, 자본주의가 처음으로 '자유로운' 노동 체제를 수립했다고 하는 주장도 무시할 수 없다. 그러나 제2차 세계대전중에 영국에서 실시된 노동 관리는 자본주의적 민간 기업의 전성기에 휘둘러진 경제의 채찍에 비하면 커다란 진보를 나타내는 것으로 생각된다. 그것은 바로 경제의 채찍이 자본주의 이전의 농노제에 비하여 한 단계 나아갔던 것과 마찬가지이다.

노동 관리가 훌륭하게 시행되는 것은 적극적인 자극의 유효성에 많이 달려 있지만 사회의 단결과 자숙에도 많이 달려 있다. 결국, 자유 방임의 자본주의 제도하에서는 기아의 공포가 계속 작용하는 힘이라기보다도 오히려 궁극적인 하나의 제재로 그쳤다. 만일 노동자가 기아의 공포를 의식하여 늘 노동하게 되었다고 하면 그것은 참을 수 없는 일이었을 것이다. 그러나 산업혁명 초기의 최악의 시대를 제외한다면 보통 그와 같은 일은 일어나지 않았다.

이와 마찬가지로, 미래의 사회에 있어서도 노동 관리

권은 일상적으로 사용될 도구로서가 아니라, 오히려 자 발적인 방법이 실패할 경우 사용되기 위해 남겨 둔 궁 극적인 제재로서 간주되어야 할 것이다. 현재 예측될 수 있는 어떠한 시대나 또는 어떠한 조건하에서도 영국 의 국가 기관이 경제의 전면에 걸쳐서 노동력의 배치와 전개를 마치 전쟁터의 군대와 같은 규율에 의하여 행하 려고 한다 할지라도, 그렇게는 할 수가 없을 것이다. 이 와 같은 일은 전면적인 계획경제의 다른 악몽과 마찬가 지로 허수아비를 가지고 자기 자신과 남을 놀래 주기 좋아하는 사람들에게나 맡길 수 있는 일일 것이다.

모든 사회의 운명은 결국 그 노동자의 생산력에 달려 있기 때문에 노동에 대한 새로운 사회의 태도는 아마도 당면한 가장 중요한 문제점이 아닐까 한다. 인간의 정 치적 권리가 어떤 것이든 간에 상호간의 경제적 의무를 인정하지 않고는, 인간의 경제적 권리는 무의미하고 무 가치한 것이 되고 만다. 결핍으로부터의 자유를 보장할 것을 그 성원들에게 다짐하고 나오는 사회는 그들의 기 본적인 요구를 충족시킬 만한 조직적 생산 수준을 유지 할 수 있게 하지 않으면 안 되는 것이다. 그러나 낡은 사회관으로부터 새로운 사회관으로 전환하는 마당에서 이만큼 절망적인 혼란에 빠져 있는 문제는 없다.

임금을 노동의 가격으로 보는 자유 방임주의의 견지는 필요에 준한 최저 임금의 원칙, 가족 수당·사회 보험에 의하여 오랫동안 조절되어 왔다. 그러나 원래 가장 유능하고 가장 근면한 사람들에 대한 자극으로서 안출된 급료의 차도 고율 누진 소득세의 부담 때문에 점차적으로 없어져 갔다. 그리하여 이제는 이 낡은 구조 전체 위에 이 건물의 본래의 디자인과는 정반대가 되는 복지 국가의 구조가 덧씌워진 것이다.

따라서, 적극적인 자주에 대한 이와 같은 혼미는 폐기된—그것은 정당하게 그리고 필연적으로 폐기되어진 것인데—경제의 채찍을 대신하여 들어설 노동 관리를 위한 어떤 새로운 형식의 제재가 필요하다는 것을 거의 인정하지 않으려 하기 때문에 더욱더 심해지고 있다. 그러나 이것만큼 시급하게 토의되어야 할 문제는 또 없을 것이다. 특히 노동자 자신들 사이에서 그러하다. 왜냐하면 이것은 정치인들이나 지성인들, 혹은 노동 조합 간부들에게도 그저 맡겨 둘 수 있는 문제가 아니기 때문이다.

우리가 경제의 채찍이나, 실업이라고 하는 특효약, 또는 뒤에 두고 온 해안의 폐허에 대한 우리의 향수를 단연 내던졌다고 하는 자신이 생기기 전에는 이 논의를 활발히 진행시키기란 곤란하다. 또한 이 문제를 산업의 국유화나 경영과 같은 다른 문제와 분립시켜 논한다는 것도 어려운 일이다. 그럼에도 불구하고 이것만큼 중대한 문제는 또 없을 것이다. 왜냐하면 하우트리 교수(Ralph George Hawtre, 1879~?, 영국의 경제학자)가 말했듯이, "경제 제도의 구별은 사람들을 노동시키는 동기의 성격에 있다."고 할 수 있기 때문이다. 이것을 어떻게 결정하는가 하는 문제는 다른 어떤 것보다도 새로운 사회의 운명을 결정하고 또 그 모양을 만들어 놓는 일이다.

제4강 개인주의로부터 대중 민주주의로

새로운 사회에서의 정치 조직의 문제는, 전에 개인주의가 전성했던 시대에 형성된 민주주의의 개념을 20세기의 매스 시빌리제이션, 즉 대국 문명에 적응시키는 일이다. 프랑스 혁명에 의한 인민주의의 선언은 전혀 다른 세력의 보호와 영향하에서 발달한 제도에 대한 하나의 심각한 도전이었다.

일반에게 민주주의 제도의 기원이며 표본이라고 간주되어 온 아테네의 민주주의가 일부 특권층의 사람들 사이에서 만들어지고, 또 그들의 특전이 되어 온 것도 결코 우연한 일은 아니다. 또한 근대 민주주의적 전통의 창시자인 존 로크(John Locke, 1632~1704, 영국의 철학자)가 18세기 영국 휘그당에 의한 과두 정치의 중요한 철학자이며 예언자였던 것도 결코 우연한 일은 아니다. 더욱이 19세기 영국의 자유주의적 민주주의의 전당(殿堂)이 소수 유산자에게만 선거권을 갖게 하는 방식을 토대로 한 것도 결코 우연한 일은 아니다. 왜냐하면 역사가 명시하는 사실에 의하면 지금까지 알려진 정치적 민주주의는 인민 전부가 아니라 그 일부만이 자유롭고 평등했을 경우에 가장 융성했기 때문이다.

그런데 이러한 결론은 새로운 사회의 조건과 양립되지 않으며 현대의 양심에도 배치되는 것이므로, 우리 시대의 민주주의를 구하는 길은 그것을 민주 주권과 대중 문명의 요청에 합치시키는 데 있다.

근대 민주주의는 서구에서 자라나 지난 3세기 동안에 걸쳐서 이곳을 중심으로 하여 사방에 보급된 것인데, 그것은 다음과 같은 세 가지 주요 명제에 입각한다. 그 첫째는, 개인의 양심이 옳고 그른 것을 결정하는 궁극적인 근원이라는 것, 둘째는, 서로 다른 개인들 간에는 이해의 근본 조화가 있고 이 조화는 그들로 하여금 사회에서 평화롭게 같이 살 수 있게 할 만큼 충분한 힘을 가지고 있다는 것, 셋째는, 사회의 명의로 행동을 취해야 할 경우 그 행동을 결정하는 최선의 방법은 개인들간의 합리적 토론이라는 것이다.

근대 민주주의는 그 근원 때문에, 개인주의적이고 낙관적이며 합리적인 것이었으나 그것이 근거하고 있는 이상의 세 가지 주요 명제는 모두가 현대 세계에서 심각하게 도전을 받아 왔다.

첫째로, 민주주의의 개인주의적 사상은 개인이 자연법에 근거한 생득적 권리를 지니고 있다는 신앙에 입각해 있다. 이 사상에 의거하여 민주 정치의 기능은 창조를 하거나 혁신을 하는 것이 아니라, 이 기존 권리를 해석해서 적용하는 일이다. 왜 민주주의의 전통에서는 정치 단체 내의 소수파의 권리가 중요시되고 있는가 하는 이유도 이것으로 설명이 된다. 사실, 다수결은 필요하고 또한 편리한 방법이다. 그러나 소수파에 속한 개인에게도 다수파에 속한 개인과 마찬가지의 생득적 권리가 있는 것이다.

법의 지배에 대한 요구, 가급적이면 불멸의 성문 헌법 중에 명기된 법의 지배에 대한 요구, 이것은 민주주의의 개인주의적 전통에 있어서 중요한 일부분이 되고 있다. 개인은 자기가 일원이 된 그 사회에 대하여 파기할 수 없는 어떤 권리는 향유했다. 이와 같은 권리는 왕왕 사회의 근본적인 약속이라고도 할 수 있는 사실상 혹은 가상적인 '사회 계약'에서 유래하는 것이라고 생각했던 것이다.

마치 자유 방임 경제의 개인주의적 전통이 모든 종류의 연합에 대하여 적대적이었던 것처럼 정치상의 개인주의적 전통도 정당의 관념을 적대시했던 것이다. 아테네 민주주의에서나 18세기 영국에서나 정당은 똑같이 불신의 눈으로 보여져 '도당(徒黨)'이라고 비난을 받았다.

인민 주권을 선언한 프랑스 혁명은 민주주의의 이와 같은 견해에 대하여 최초로 통렬한 공격을 가하였다. 존 로크의 '자연법'의 개인주의 대신에 루소의 '일반 의지'의 집단주의가 나타났다. 페리클레스(Pericles, 기원전 495~429, 그리스의 정치가)와 존 로크는 둘 다 소수의 선택된 특권 계급만을 염두에 두었다. 그러나 루소는 처음으로 전체 인민의 주권을 염두에 두고 대중 민주주의의 문제에 직면했다. 루소는 마지못해 그렇게 한 것이다. 왜냐하면 그 자신은 권력의 대표나 위임이 없는 직접 민주주의를 행할 수 있는 작은 사회를 좋아했기 때문이다. 그러나 그는 벌써 큰 국가라는 것이 나타난 것을 인식하고, 그와 같은 조건에서는 인민이 주권자가 되려면 반드시 '일반 의지'의 규율에 복종하지 않으면 안 된다고 생각했다.

이러한 학설로부터 루소 자신이 아니라 자코뱅당이 이끌어 낸 실제적 결론은, 일반 의지를 구현하기 위한 단일 정당을 창당한다는 것이었다. 그리고 그것의 논리적 결론은 한층 더 원대한 것이었다. 개인은 자연법에 의하여 보증된 사회에 대한 권리를 향유하기는커녕 일반 의지가 내리는 판결에 항고조차 할 수 없게 되었다. 일반 의지는 덕과 정의의 원천이었고, 국가는 이것을 시행하는 일반 의지의 도구였다. 이 일반 의지에 반항하는 개인은 사회로부터 배제되고 스스로 사회에 대한 배반자라는 성명을 내는 것과 같이 되었다. 루소의 학설은 직접적으로 자코뱅당의 혁명적 공포 정치의 시행을 가져오게 했다. 여기에서 민주주의의 두 가지 개념의 장점을 이론적으로 논의해 본다는 것은 부질없는 일이 될 것이다.

개인주의는 과두 정치의 사상이다. 즉, 대중 속에 빠져들기를 원치 않는 선택된 소수의 진취적인 기상을 가진 사람들의 사상이다. 근대 사상에서의 자연법의 역할은 다른 여러 가지 해석이 있을 수 있겠지만, 현존하는 권리를 신성화하고 그것을 전복시키려는 기도에 대하여는 부도덕하다는 낙인을 찍는 데 있었다. 자연법에 뿌리를 박은 개인의 권리에 입각한 사상은 과두 정치적이고 보수적인 18세기의 자연적 산물이었다. 이 사상이 인민 주권의 지상(至上)을 선언한 혁명의 격동 속에서 도전을 받고 전도될 수밖에 없었던 것도 역시 자연스러운 일이었다.

그러나 대중 민주주의의 발단은 루소의 학설과 프랑스 혁명의 실천 중에서 차차 볼 수 있으나, 이 문제의 현대적 형태는 19세기의 산물이었다. 산업혁명은 개인 기업의 깃발 아래서 출발했다. 애담 스미스는 18세기의 개인주의를 가장 솔직하게 대표한 인물이었다. 그러나 얼마 안 있어 기계가 인간을 압도하고 대량 생산이 경쟁상 유리하게 되어 표준화 시대로 들어가게 되었으며, 경제 단위가 점점 더 확대되는 시대로 들어갔던 것이다. 그리하여 매머드 트러스트와 매머드 언론 기관, 매머드 정당이 생기고, 이 모든 것 위에 매머드 국가가 떠올라, 개인의 책임이나 활동의 범위는 자꾸 좁혀지고 새로운 대중 사회의 무대가 놓여졌다.

자연법을 부정함으로써 개인주의적 전통을 포기하고, 최대 다수의 최대 행복을 최상의 목표로 생각함으로써 영국에서의 대중 민주주의의 이론적 기초를 놓은 것은 영국의 공리주의자들이었다. 실제로 그들은 최초의 급진적 개혁가들이기도 했던 것이다. 오래지 않아 사상가들은 대중 민주주의로부터 생길 수 있는 몇 가지 곤란을 검토하기 시작했는데, 다수파가 소수파를 압박한다는 위험은 그 중에서도 가장 두드러진 것이었다.

이 점은 토크빌이 1830년대의 미국에서 발견한 것이

며, 또 25년 후 J.S. 밀이 영국에서 발견한 것인데, 오늘날 이 위험은 좀더 음험한 형태로 재현되고 있다. 소비에트 러시아는 스스로 민주주의라고 칭하는 정치 형태를 가지고 있다. 그것이 루소와 그의 일반 의지설로부터 발단된 자코뱅당에서 나온 것이라고 주장하는 데는, 약간의 역사적 이유가 없는 것도 아니다.

일반 의지는 공통된 의견을 표명하는 것으로서 하나의 정통적인 것이 되어, 이에 반대하는 소수파는 합법적으로 억압될 수가 있었다. 그러나 우리는 여기서 소비에트 정치 형태의 남용이나 지나친 점에 대하여 논의하려는 것이 아니다. 다만 마음에 걸리는 것은 소수자를 위한 자유주의적 민주주의의 개인주의로부터 오늘날의 대중 문명으로 넘어가는 데 있어서 우리 자신이 얼마나 일반 의지를 요청하는 민주주의 사상에 휩쓸려 들어가고 있는가 하는 문제이다.

이 문제는 오늘날 공식 혹은 비공식의 충성 심사나 비미활동(非美活動)위원회라는 형태로 우리 주변에 나타나고 있을 뿐 아니라, '클로즈드 숍'(고용 계약이 있는 노동 조합원만 고용하는 공장)이나 정당 규율이 점점 더 엄중해지는 형태로 우리 주변에 나타나고 있다.

지난 4월 애뉴린 베번(Aneurin Bevan, 1897~

1960, 영국의 정치가)의 사임에 즈음하여, 노동당 지방대회에서 행한 일장의 연설에서 국방상 신웰(Emanuel Shinwell, 1884~?, 영국의 정치가)은 노동당의 '충성의 결여'를 이렇게 비난했다.

"우리 당에 대한 충성은 개인의 정치적 수완의 발휘보다도 위에 놓여 있는 것입니다. …… 누구를 막론하고 당의 민주적 조직을 문란케 하는 일은 용납하지 않을 것입니다."

레닌도 1921년 3월 볼셰비키 대회에서 이와 너무나도 흡사한 말을 사용한 적이 있다. 우리는 진리가 개인의 갖가지 의견의 상호작용으로부터 나온다고 보는 생각에서 아주 멀리 떠나 버린 것이다. 충성은 개인의 정당 내지 집단의 일반 의지에 복종하는 것을 의미하기에 이르렀다.

존 로크의 사회관의 공준(公準), 즉 개인들간에는 이해의 근본적 조화가 있다는 신앙도 대체로 이와 똑같은 이유로 인해 시간의 시련을 이겨내지 못한 것이다. 이해의 조화라는 것은 본래 자연법 이상으로 보수적인 학설이었다. 올바로 이해된 개인의 이익이라는 것이 사회 전체의 이익과 일치된다고 하면, 현존 질서를 공격하는 개인은 자기 자신의 진정한 이익에 반대되는 행동을 취하는 결과가 되니, 심술궂을 뿐만 아니라 근시안적이고 또 어리석은 짓이라고 비난받을 수도 있을 것이다.

그래서 이를테면 이런 입론이 종종 스트라이크를 하는 노동자들에 대해서 그들이 고용주와 자기들을 결합시키고 있는 공통 이해를 인식하지 못한 것임을 호소했었다. 귀족과 승려라는 두 개의 상류 신분에 대한 제3신분의 자기 주장 행위였던 프랑스 혁명은, 다른 격변과 마찬가지로 이해의 조화라고 하는 것의 공허성을 입증하였다. 그리하여 이 학설은 드디어 이론적으로도 강력한 도전을 받게 된 것이다.

도전은 두 방면에서 나왔다. 공리주의자들은 정면으로 이 학설을 공격하지는 않았지만, 무슨 구제책을 강구하지 않으면 이해의 조화가 생길 수 없을 것이라고 주장하며 암암리에 그것을 부정했다. 현존하는 최악의 불평등을 어느 정도 제거·개혁하지 않는다면, 아이러니컬한 일이시만 아무튼 이해의 조화에 근거한 사회라고는 말할 수 없다고 생각한 것이다. 따라서 그들은 교육의 증진과 이로부터 나오는 사상의 참된 자유야말로 이 조화를 만들어 내는 데 필요한 준비라고 믿었다.

그 다음에 마르크스와 엥겔스는 ≪공산당 선언≫에서 계급 투쟁이라는 것을 취하여, 이로부터 하나의 역사 이론을 만들어 냈다. 이것은 한쪽에 치우치고 있다고는 해도 이해의 조화를 말하는 이론에 비하면 훨씬 현실과 가까운 것이었다. 자유 방임주의가 몰락함으로써 일어난 사회적·경제적 문제는 마르크스가 이론적으로 증명한 바를 실제적으로 예증해 주었다. 그러나 영국에서 지도적 역할을 한 것은 혁명적인 마르크스주의라기보다는 개혁적인 공리주의였다. 경쟁하고 투쟁하는 계급들 간에는 이해의 조화가 결여되어 있다는 것이 뚜렷한 사실이므로 이와 같은 현상은 더욱더 긴급하게 국가의 간섭을 요청하게 되었다. 국가는 이제 더이상 링을 지키는 것만으로는 만족할 수가 없게 되어, 국가 자체가 적극적으로 경기장으로 내려가 원래 존재하지 않은 이해의 조화를 어떻게 해서든지 만들어 내야 되게 된 것이다.

그때까지는 입법이라고 하면 때때로 오해를 풀어 주거나 또는 남용을 없애는 데 필요한 하나의 예외적 기능으로 생각되어 왔으나, 이제는 이 입법이 정상적이고 연속적인 기능이 되었다. 자연법에 의하여 개인에게 부여된 권리를 해석·적용하는 것만으로는 불충분해진 것이다. 국가에 기대한 바는 부단한 적극적 활동—일종의 사회적·경제적 엔지니어링—이었다. 자유 방임의 자본주의 대신, 계획경제가 생김에 따라 국가에 대한 태도가 근본적으로 바뀌어졌다. 이제 국가의 기능은 단지 감독하는 데 그치는 것이 아니라, 창조적이고 구체적인 것으로 되었다.

이제 국가라는 기관은 약한 것이 장점이고, 그 활동은 자유를 확보하기 위하여 최소한도에 그쳐야 하는 그런 기관은 아니었다. 국가는 필요한 개혁을 단행하기 위하여 우리가 조종하지 않으면 안 될 기관이 되었고, 일단 그것을 잡으면 개혁을 실시하기 위해 가능한 한 강력하고 효과적인 것이 되도록 하려고 생각하게 된 것이다. 이렇게 해서 20세기에는 개인주의적 민주주의 대신 대중 민주주의가 출현하게 되었을 뿐 아니라, 이해의 자연적 조화라는 학설 대신에 강력한 구제적(救濟的) 국가에 대한 예찬이 생기게 되었다.

존 로크의 사회관의 세 번째 주요 특징—이 특징으로 인하여 18세기는 '이성의 시대', 혹은 '계몽의 시대'라고 하는 명칭을 얻게 되었다—은 합리적 토론을 정치 활동의 지침으로 한다는 신앙이었다. 이 신앙은 민주주의의 기초로서의 다수파의 지배를 정당화하는 것으로서, 이 정당화는 19세기에 가장 통속적으로 되었다.

결국, 인간은 대체로 합리적이고, 주어진 문제에 대한 올바른 해답은 이성에 의해서만 발견될 수 있으므로, 논쟁이 있을 경우 우리는 소수파 편보다도 다수파 편에서 옳은 판단을 찾게 된다는 것이다.

18세기의 다른 사상과 마찬가지로 이 정치상의 합리주의도 소수 지배자들의 학설이었다. 정치상의 합리적 방법은 유유히 오래도록 논의를 하고 감정을 억제하는 데는 효과가 있었지만, 이것은 분명히 부유하고 한가하며 교양을 지닌 계층의 방법이었다. 이것의 효과가 가장 분명하고 확실하게 보장될 수 있는 것은 정치 단체가 비교적 소수의 교양 있는 사람들로 구성되어, 이 사람들이 그들에게 주어진 논점을 지적으로 냉정하게 논의할 수 있을 때만이 가능한 일이었다.

민주주의 제도 초기에는 이성에게 우월한 역할이 부여되었는데, 이것으로써 어째서 오늘날까지도 민주주의가 제한 선거를 치르는 데서 가장 번영한 것처럼 보이는가 하는 것이 가장 잘 설명되어 있지 않은가 한다. 근년에 와서 이성의 쇠퇴와 인간사에 있어서 이성 존중의 쇠퇴에 대하여 쓴 글이 많이 나오고 있지만, 실제로는 사람들이 아주 단순화된 18세기풍의 이성 관념을 버리고 좀더 미묘하고 복잡한 분석으로 넘어갔던 것이다. 그러나 그럼에도 불구하고 이성에 대한 우리의 태도의 이 획기적인 변화야말로 현대 민주주의의 극히 심각한 문제들을 해결할 열쇠를 제공한다는 것도 역시 사실이다.

우선 첫째로, 지성과 선의의 사람들이라면 합리적 토론에 의해서, 논쟁이 되는 정치상의 문제에 대하여 하나의 올바른 견해에 도달할 수 있으리라고 보는 관념은, 그런 문제의 수도 비교적 적고 또 단순해서 교양 있는 보통 사람도 잘 판단할 수 있었던 시대에서만 가능한 것이었다. 그것은 말할 나위도 없이, 정치 문제를 해결하는 데 전문적 지식이 불필요하다는 것을 의미한다. 이 가설도 국가가 경제 문제에 간섭할 필요가 없었던 때, 그리고 또 결정해야 할 문제가 실제로 조그만 문제이거나 또는 정치상 일반 원칙에만 관계되고 있었던 때에는, 확실히 통용되었던 것 같다.

그러나 20세기 전반에 들어서면서부터는, 이러한 조건은 더 이상 어디에서도 찾아볼 수가 없게 되었다. 영국의 경우, 1925년의 금 본위제(本位制)로의 복귀나 1946년 미국의 차관을 받아들인다고 하는 것과 같은 대단히 논쟁적인 큰 문제에 직면했었다. 이러한 것들은 방대한 사실과 숫자—그 중에는 일반인으로서는 이용할 수 없는 것도 있을 것으로 생각된다—를 가지고 있는 노련한 엑스퍼트의 의견 이외에는 다른 의견을 참작할 여지가 없는 그런 종류의 문제이다.

이러한 문제에 대해서는 일반 국민으로서는 상담을 해야 할 가장 좋은 전문가가 누구인가 하는 것에 대해서조차 알지 못한다. 일반 국민이 할 수 있는 역할은 기껏해야, 선거 때 운동을 해서 적당한 지도자를 뽑아 내어 그 사람에게 결국 자기 일상 생활에 영향을 미치는 중요한 정책상의 문제들—아직 공식화되지는 않았을지 몰라도—에 관하여 적당한 전문가에게 상담해 달라고 부탁하는 일뿐인 것이다.

그러나 논의의 제1단계에서는 아직 이성 그 자체가 정치 문제의 결정에 있어서 최고의 역할을 한다는 데에서 격하되지는 않는다. 국민은 그저 그의 결정권을 전문가의 우월한 이성에 맡겨 달라는 요구를 받을 뿐이다. 그러나 논의의 제2단계에 이르면, 이성 그 자체는 이성을 그 왕좌로부터 끌어내리는 역할을 하게 된다.

사회 심리학자가 합리적 연구법을 이용하여 발견한 것에 의하면, 대중을 가장 효과적으로 움직이는 것은 찬미·질투·증오와 같은 비합리적인 감정인 경우가 많으므로, 합리적 논의에 의해서보다도 눈이나 귀에 감정적으로 호소하거나 혹은 단순한 반복에 의하는 것이 가장 유효하다고 한다. 광고가 매스 프로덕션, 즉 대량 생산에 반드시 있어야 할 기능인 것처럼 선전은 매스 데모크라시, 즉 대중 민주주의에 있어 없어서는 안 될 기능이다.

정치적 조직자는 상업 광고업자를 흉내내어서 약(藥)과 냉장고를 판매하는 것과 같은 방법으로 그 간부나 후보자를 유권자에게 팔고 있다. 이제는 국민의 이성에 호소하는 것이 아니라 잘 속아 넘어가는 국민의 약점을 향해 호소하고 있는 것이다. 게다가 좀더 최근에 와서 생겨나고 있는 현상은 막스 베버(Max Weber, 1864~1920, 독일의 경제학자·사회학자)가 말하는 '카리스마적 지도자'가 일반 의지를 표현하는 것으로서 대두되고 있다는 것이다.

개인주의로부터 물러남으로써, 마지막엔―소위 전체주의적 국가들에서만이 아니라―'서민', 즉 새로운 대중 사회 속에서 길을 잃고 어쩔 줄을 모르는 평범한 개인의 특질과 소망을 그 자신 속에 구체화시켜 회복한 일개 지도자를 높은 지위로 끌어올리는 것으로 끝나는 것처럼 생각된다. 그러나 지도자로서의 주요 자격은 이제 정치 문제와 경제 문제에 대해 올바른 판단을 내릴 수 있는 능력이나 대신 올바른 판단을 내려 줄 수 있는 가장 좋은 전문가를 선택할 능력에 있는 것이 아니라, 대중 앞에서 인상이 좋다거나 그 음성에 설득력이 있다거나, 혹은 친밀한 어조로 라디오 대담을 잘한다거나 하는 것이 필요하다. 그런데 이러한 특질은 그의 선전 계획에 의해 계획적으로 꾸며지는 것이다.

이러한 현대 민주주의의 기술을 보면 정당 본부, 즉 중심의 지도적 두뇌는 아직 합리적으로 움직이고 있지만, 그 목적을 달성하기 위하여 사용되고 있는 것은 합리적 수단이 아니라 비합리적 수단이다. 뿐만 아니라 이 수단은 대체로 당면한 목적이나 결정에 있어 부적절한 수단이다.

논의의 제3단계에서는 문제가 한층 더 심각해진다. 왜냐하면 헤겔은 루소의 학설의 철학적 의미를 끄집어 내어, 역사의 진로는 보편적 이성의 진로와 같다고 생각하고, 개인의 이성과 보편적 이성의 관계는 개인 의지와 루소의 일반 의지의 관계에 해당한다고 보았기 때문이다.

개인주의적 민주주의에서는 개인의 이성이 그 지주가 되었다. 마르크스는 헤겔의 집단적 이성을 취하여 그것을 새로운 대중 민주주의의 지주로 삼았다. 마르크스는 헤겔 사상의 형이상학적 성격을 거부한다고 했다. 그러나 그도 헤겔과 마찬가지로 역사는 하나의 합리적 진로를 취하고 있으며, 이 진로는 이성에 의하여 분석될 수도 있고, 또 예견하는 것조차도 가능하다고 생각했던 것이다. 헤겔은 이성이 개인을 이용하여 이 개인이 의식하지 못하는 목적을 달성한다고 하는 의미에서, 역사에 있어서의 '이성의 간지(奸智)'라는 말을 한 적이 있다. 마르크스는 이런 식의 말은 형이상학적이라고 배척했을 테지만 역사를 계급투쟁의 부단한 과정으로 보는 마르크스의 견해는 적어도 일면에 있어서 헤겔을 선조로 하는 결정론의 요소를 포함하고 있는 것이다. 마르크스는 어디까지나 철저한 합리주의자였다. 그러나 그가 그 타당성을 인정하고 있는 이성은 개인적인 것이라기보다 오히려 집단적인 것이었다.

그러나 마르크스는 단순히 개인적인 것보다 집단적인 것을 중히 여겼다고 하는 점보다도, 소위 '이성으로부터의 도피'라고 하는 점에서 훨씬 더 중요한 몫을 했다.

'존재가 의식을 결정하는 것이지, 의식이 존재를 결정하는 것은 아니다.'라든가, '사상은 사상가의 사회적 환경에 의하여 제약된다.' 혹은 '관념은 생활의 물질적 조건을 기초로 하는 전체성의 상부 구조이다.'라고 하는 주장을 힘있게 강조함으로써 마르크스는 여태까지 자주적 혹은 자율적 인간 이성이라고 생각되어 왔던 것에 대하여 명백한 도전을 했다. 역사라고 하는 드라마의 주역은 그를 위해서 이미 씌어진 역할을 한 것뿐이며, 이것이 그를 주역이 되게 한 것이었다. 개인의 이성의 기능은, 역사의 진로를 결정한 보편적 이성과 일체가 되어 그 스스로를 이 보편적 이성의 대리자 내지 실행자가 되게 하는 데 있었다. 사실 이와 같은 관점은 역사적 사건의 기초인 사회적 원인에까지 거슬러 올라가려는 일체의 시도와 관련되고 있다. 다음해에 마르크스는—그리고 그 이상으로 엥겔스는—역사에 있어서의 개인의 역할을 약간 바꾸어 놓았다. 그러나 마르크스가 주요 논거를 그대로 밀고 나갈 때의 그 놀라운 정력과 확신, 그리고 그 위에 축조한 정치 이론, 이러한 것들은 개인의 이성이 역사의 진로를 형성하는 결정적인 힘이라고 하던 계몽 시대의 안락한 신앙을 분쇄한 19세기 사상가들 가운데서도 특히 그에게 지도적인 지위를 부여해 준 결정적 요인이 되었다.

마르크스의 논조는 그에게 반대하는 사람들의 사상, 특히 그 시대에 가장 발달된 나라에서 지배적 지위에 있던 자본가들의 사상이 '제약된' 성격의 것이라는 것을 입증하려 할 때 가장 예리했다. 그들이 실제로 그렇게 생각하고 있는 것은 한 계급의 임원으로서의 '존재'가 그들의 '의식'을 결정하고 있기 때문이다. 따라서 그들의 관념은 필연적으로 독립된 객관성과 타당성을 결여하고 있는 것이다.

철저한 보수주의자 헤겔은 변증법이 과거의 역사적 형태를 하나하나 파괴했다고 말하면서도 프러시아의 현실만은 변증법의 활동 밖에다 두었다. 이에 반하여 혁명가 마르크스는 이러한 절대자를 현재에서는 인정치 않고 이를 오직 미래에서만 인정한 것이다. 프롤레타리아의 승리는 자동적으로 계급을 폐지한다고 해서 프롤레타리아만이 절대적 가치의 기초가 되었다. 이렇게 해서 프롤레타리아의 집단적 사상은 다른 계급의 사상은 인정하지 않는 객관성을 가지게 되었던 것이다. 그러나 헤겔과 마찬가지로, 마르크스가 그의 변증법적 과정의 정점으로서 절대자를 인정하려고 한 것은 그의 체계에서 하나의 모순점이었다. 또한 마르크스는 사회주의의 청사진을 제공하는 것보다도 자본주의를 해부하는 데 훨씬 더 관심이 컸듯이, 프롤레타리아의 객관적·절대적 가치를 선언하는 일보다도 변증법을 이용하여 그 논적(論敵)의 제약된 사상을 폭로하는 편이 그의 마음에 더 들었고, 또한 훨씬 효과적인 것이었다. 마르크스의 저작은 온갖 형태의 상대주의에 대하여 강력한 자극을 주었다.

아직 프롤레타리아 혁명이 어떤 곳에서도 눈에 띄지 않던 때에는, 그가 절대적 진리를 프롤레타리아의 특권이라고 인정한 것도 별로 주목을 받지 못했던 것 같다. 마르크스에게 있어서 프롤레타리아는, 과오가 있을 수 없는 루소의 일반 의지를 주워담은 집단적 용기였다.

19세기 후반에 나타난 또 한 사람의 사상가도 정치적 풍조를 만들어 내는 데 공헌했다. 프로이트도 다윈과 마찬가지로 과학자로서 철학자인 척하려고 한 일은 없었으며, 더군다나 정치 사상가인 척해 본 일도 없었다. 그러나 19세기 말에 있었던 이성으로부터의 도피에서 프로이트는, 한 세대 전에 자유 방임의 철학에서 다윈이 했던 것과 똑같은 대중적인 역할을 했다.

프로이트가 증명한 것은, 행동과 사고에 있어서의 인간의 근본적 태도가 대체로 의식 수준보다도 깊은 곳에서 결정되고 있다는 것, 따라서 우리가 우리 자신과 다른 사람에게 제공하는 이러한 태도의 합리적 설명이라고 하는 것은 우리가 이해하지 못한 과정의 인공적이고 그릇된 '합리화'에 지나지 않는다는 것이다. 이성이 우리에게 주어져 있는 것은 우리의 사고와 행동을 인도하기 위해서가 아니라 그것을 인도하는 숨은 힘을 위장하기 위해서라고 프로이트는 말하고 있다.

이것은 상부 구조와 하부 구조에 관한 마르크스의 주장을 한층 더 가차없이 되풀이한 표현이다. 실재(實在)의 하부 구조는 무의식 속에 가려져 있다. 즉, 표면에 나타나는 것은, 의식하에서 행해지고 있는 것이 진실을 왜곡시키는 이데올로기의 거울에 비친 반사에 불과하다.

이 모든 사실로부터 나오는 정치적 결론은—프로이트 자신은 아무런 결론도 끌어내지 않았으나—다음과 같은 것이다. 즉, 평범한 인간이 이성에 호소하려고 하는 어떠한 시도도 전부 시간의 낭비이거나, 또는 설득 과정의 본질을 단순히 숨기려고 하는 위장으로서나 쓸모가 있다고 하는 점이다. 그러므로 모름지기, 호소는 사고와 행동을 결정하는 의식의 하층에 대해서만 해야 되는 것이다. 마르크스가 정치학에 의하여 시도한 이데올로기의 정체 폭로는 프로이트와 그 후계자들의 심리학에 의하여 한층 더 철저하고 또 원대한 방식으로 되풀이되었다.

그러므로 19세기 중엽에 이르러서는 자유주의적 민주주의 이론의 근거가 되었던 존 로크의 세 가지 명제는 모두가 근본적인 공격을 받았으며, 또 이러한 공격은 시간이 흐름에 따라 점점 더 광범위해지고 심각해졌다. 개인주의는 경제 조직의 면에서나, 대중 민주주의의 형태와 실시의 면에서나, 집단주의에게 길을 내주기 시작했다. 즉 대중 문명의 시대가 시작되었던 것이다. 개인들 간의 이해의 조화라고 하던 것은 없어지고 강력한 계급들과 조직적인 이익 집단들 간의 적나라한 투쟁이라는 것이 생겨났다. 합리적 토론에 의하여 문제를 해결할 수 있다는 신앙은, 우선 이 문제라는 것이 복잡하고도 기술적인 성격의 것이라는 점을 인식하게 되고, 합리적 논의라는 것도 사실 이 논의를 제기하는 사람들의 계급적 이해의 제약된 반영에 지나지 않는다는 것을 인식하게 됨으로써 심한 타격을 받게 되었다. 마지막으로는 민주주의하에서의 선거인이라 하더라도 다른 사람들과 마찬가지로 이성에 지향된 논의보다도 의식하의 비합리적인 편견에 호소하는 편이 가장 주효하다는 사실이 발견됨으로써 더욱 심한 타격을 받게 되었다.

이러한 비판을 거쳐 나온 민주주의상은 강력한 이익 단체가 지배권을 다투는 투쟁장의 모습과 같았다. 왕왕 지도자들 자신도 그들이 잘 알지 못하는 역사적 과정의 대변인이며 도구였다. 더욱이 이들을 따라다니는 사람들은 현대 심리학이나 상업적 광고술의 온갖 기묘한 수단에 의해서, 그들로서는 전혀 의식하지 못한 목적을 위해 끌려나와 정열된 유권자이다.

이렇게 표현한 것은 혹시 과장이 될는지도 모르겠다. 그러나 우리가 그 가운데서 중대한 진리를 인식하지 않는다면, 즉 민주주의적 전통을 낳은 관념이나 조건으로부터 우리가 얼마나 멀리 떠나 왔는가를 인식하지 않는다면, 대중 민주주의의 문제들을 이해한다는 것은 생각도 못 할 일이다. 민주주의는 자유로운 개인들이 평등한 권리를 향유하고 사회의 문제를 처리하기 위해 소수의 동료를 정기적으로 선출해서, 이들이 앞으로 나아갈 진로에 대하여 합리적인 토론을 통해 신중히 협의하고 또 결정한다. '다수자에 호소하는 것과 같은 코스가 가장 합리적 코스라는 전제가 있다.'고 하는, 선택된 사람들만의 사회라고 보는 민주주의관, 우리는 이로부터 대중 민주주의라는 현실로 넘어온 것이다.

오늘날의 전형적인 대중 민주주의에서는 개인이 서로 집합해서 하나의 방대한 사회를 형성하고는 있지만, 이들 개인의 사회적·경제적 배경에는 큰 차이가 있다. 몇 개의 집단 혹은 계급으로 분열되고, 평등한 정치적 권리는 있어도 그 행사는 정당이라는 두 개 혹은 그 이상의 어떤 경제적 이익이나 혹은 어떤 사회적·인도적 목적 ―예리한 비평가는 보통 이 목적에서까지 잠재적이고 다분히 무의식적인 이익을 발견하고 있다―을 달성하려고 하는 노동 조합·연맹·로비 및 압력 단체 등으로 알려진 단체가 어느 정도 개재하고 있는 것이다.

민주적 과정의 제1단계에서는 이런 연맹이나 집단이 일종의 거래소나 시장처럼 되어 특정한 정책을 지지하기 위하여 투표의 거래가 행해진다. 그래서 이와 같은 집단이 다수의 표를 획득하면 할수록, 그 견해를 정당 강령에 집어넣을 기회가 늘어나는 것이다. 이러한 거래가 끝나면, 제2단계로 통일된 단체로서의 정당은 '지방으로 가서' 온갖 정치적 선전에 의해 부동표를 긁어 모으려고 노력한다. 제3단계에서는 선거의 승부가 결정되면 이제는 정당들이 득표수를 맞춰 보며 실행해야 할 정책에 대해 다시 한 번 서로 논쟁과 거래를 한다.

같은 민주주의 국가라도 나라가 다르면 이 제3단계에서의 세부적인 수속은 헌법 규정이나 정당 구조에 따라서 상당한 차이가 생긴다. 주목해야 할 점은 제1단계와 제3단계 사이의 불꽃을 뿜는 듯한 거래 문제이다. 선거민에 대한 대중적 설득이 문제가 되는 제2단계에서 현재 흔히 쓰이고 있는 방법은 상업 광고업자의 방법과 더욱더 가까워지고 있다. 그런데 이들은 현대 심리학자들의 광고에 따라서, 이성에 호소하는 것보다 공포·질투·권세욕에 호소하는 편이 더 유효하다는 것을 알고 있다.

미국에서는 현재의 대규모적인 민주주의가 가장 성공적으로 행해지고 있으며, 이 민주주의의 존속이 부동의 확신으로 되어 있지만, 그런 미국에서도 노련한 정치가는 합리적 토론이 민주적 수속을 크게 좌우한다고 하는 관념을 별로 장려하려고는 생각하지 않는 것으로 보인다. 그것은 여기서도 우리가 이익 집단들 간의 투쟁이 겨우 위장되어 있음을 보는 것과 같다. 그래서 여기서 사용된 논거는 대부분이 이익의 합리화를 위한 것에 불과하며, 설득이라고 하는 역할도 비합리적인 하의식(下意識)에 대한, 면밀히 계산된 호소에 의해 이루어지고 있는 것이다.

이 논의의 의도는 대중 민주주의가 다른 정치 형태보다도 더 부패했다거나, 또는 무능하다는 것을 입증하려는 것이 아니다. 나는 그렇게 믿지 않는다. 그런 것이 아니라, 대중 민주주의는 하나의 새로운 현상—과거 반세기 동안에 생긴 것—으로서, 그것을 존 로크의 철학이나 19세기의 자유주의적 민주주의의 의미로 생각하는 것은 적절치 못하며, 또 오해를 유발하기 쉽다는 것을 말하고 싶은 것이다.

그것은 새로운 것이다. 왜냐하면 이 새로운 민주적 사회는, 이제 경제적으로 안정되고 평등한 개인들이 서로의 권리를 인정하는 동질적인 폐쇄 사회로 이루어진 것이 아니라, 분명히 계급적으로 분열된 혼란한 대중으로 이루어지고 있으며, 그 대부분은 날마다 주로 생존 경쟁에 쪼들리고 있는 형편이기 때문이다.

그것은 새로운 것이다. 왜냐하면 이 새로운 민주 국가는 이제 사적인 경제적 이익 투쟁 사이에서 그저 링을 지키는 것만으론 만족할 수 없고, 언제나 투쟁장에 뛰어들어가서 전국민, 특히 빈민들의 일상 생활에 영향을 주는 경제 정책상의 긴급한 문제에 대하여 주도권을 가지지 않으면 안 되기 때문이다.

그것은 새로운 것이다. 왜냐하면 존 로크나 자유주의적 민주주의의 낡은 합리주의적 전제는, 물질적 조건의 변화와 새로운 과학적 지식 및 기술에 의해서 파괴되고 말았고, 이 새로운 민주주의의 지도자들은 이제 여론의 반영보다도 여론의 형성과 조종에 깊은 관심을 가지게 되었기 때문이다.

우리가 수십 년이나 또는 수세기에 걸쳐서 알고 있고, 또 소유해 내려왔던 것을 마치 옹호하고 있듯이 오늘날 민주주의의 방위를 운운하는 것은 자기 기만이며

사기이다.

 이에 대하여, 낡은 민주주의 제도가 아직도 남아 있다고 지적해 보아도 소용이 없다. 이것은 영국에 국왕의 지위가 남아 있다고 해도 그것이 영국 정치 제도가 군주제라고 할 증거가 되지 않는 것과 동일하다. 오늘날 민주주의 제도가 여러 나라에 남아 있지만—심지어 히틀러의 독일에도 얼마쯤은 남아 있었다—그렇다고 해서 반드시 민주주의 국가라고 불러야 할 근거는 없다. 그 규준은 전통적 제도의 잔존에서 구해야 할 것이 아니라, 어디에 권력이 있으며 또 어떻게 권력이 행사되고 있는가 하는 문제에서 구해야 할 일이다. 이런 점에서 민주주의라는 것은 정도의 문제이다.

 오늘날 어떤 나라는 다른 나라보다 좀더 민주적이라고들 한다. 그러나 민주주의의 높은 표준을 적용한다면 아마 어떠한 나라도 대단히 민주적이라고 할 만한 나라는 없을 것이다. 대중 민주주의는 아직도 지도에는 없는 곤란한 지역이다. 그러므로 우리가 민주주의를 방위할 필요가 아니라 그것을 창조할 필요를 말할 때, 그 목표에 한 걸음 더 다가서는 것이 되고, 한층 더 설득력이 있는 슬로건이 되기도 하는 것이다.

 제2강과 제3강에서, 나는 새로운 사회가 직면한 두

가지 근본 문제, 즉 계획경제의 문제와 인적 자원의 올바른 배치 및 활용의 문제를 논했다. 이러한 문제는 우리가 살아 남으려면 그것을 해결하지 않으면 안 된다는 의미에서 근본적인 것이다.

생산을 조직하는 낡은 방법은 붕괴되었고, 그 대신 새로운 방법을 사용하지 않는다면 사회는 존립할 수가 없을 것이다. 그러나 이러한 문제는 민주주의와는 다른 방법으로 해결될지도 모른다―현재 해결되고 말 위험이 있기까지 하다―고 생각된다. 이에 대중 민주주의의 임무는 민주주의와 조화되는 방법으로 명백하고도 정당한 요구를 충족시키는 것, 그것도 때늦지 않게 충족시키는 일이다. 오늘 내가 논한 중심 문제는 민주주의 자체의 본질을 건드리는 것이다.

대규모 정치 조직은 대규모 경제 조직과 같은 많은 특징을 보이고 있으며, 같은 발전의 길을 걸어왔다. 대중 민주주의는 그 본래의 성질에 의하여 각 방면에 전문적 지도자의 그룹―이는 종종 엘리트라고 불리고 있다―을 내놓았다. 정부·정당·노동 조합·협동 조합 등, 곳곳에서 이 필요 불가결한 엘리트들이 과거 30년간 놀랄 만한 속도로 그 모습을 나타내어 왔다. 그리하여 곳곳에서 지도자와 대중 사이에는 틈이 더욱 벌어졌다.

이 틈에는 두 가지 형태가 있다. 첫째로, 지도자의 이해(利害)는 그 이상 더 중대한 이해와 완전히 일치되어 있다고 할 수가 없다. 왜냐하면 지도자의 이해 중에는 자기의 지도권을 유지하기 위해서 필요한 특수한 이해가 포함되어 있는 까닭이다. 물론 이 특수한 이해는 집단 전체의 이해와 상통하는 것으로서 합리화되고 있지만, 항상 정당하게 합리화되고 있는 것은 아니다. 지도자는 그 동료의 단순한 대표자로 머물지 않고 그 기능 때문에 분립된 하나의 전문적 그룹으로서, 그 다음으로는 분립된 하나의 사회적 그룹으로서 새로운 지배 계급의 중핵이 되거나, 혹은 좀더 음험하게는 낡은 지배 계급에 흡수되기에 이른다.

둘째로, 이것은 가장 중요한 것인데, 어떤 문제가 지도자들 사이에서 토의되고 해결될 경우의 용어와, 똑같은 문제가 대중에게 제기될 경우의 용어 사이에 틈이 점점 더 크게 벌어져 가는 것이다. 정당이나 노동 조합의 지도자 내지 간부가 자기들끼리 밀담하는 경우의 논의가 그 회원들의 집회에 내놓은 논의와 같다고 생각할 사람은 아무도 없다. 더욱이 대중을 상대로 하는 연단이나 라디오에서 쓰는 설득 방법은 한층 더 달라진다. 정부·정당·조합, 어디에서든지 지도자들이 문제의 실질을 결정한 후에 이 결정을 팔아 넘길 최선의 방법에 대하여 또 한 번 결정을 해야 할 필요가 생길 경우가 자주 있다. 대체로 말해서 이성의 역할은 논의의 상대가 되는 사람 수에 반비례하는 것이다.

지도자들의 결정은 합리적 근거에서 취해질지도 모른다. 그러나 이 결정을 당이나 조합의 평회원, 더욱이 일반 민중에게 가지고 나갈 경우엔, 청중이 많으면 많을수록 더욱더 많은 비합리적 요소를 포함하게 될 것이다. 유능한 엘리트가 비합리적 설득법을 합리적으로 계산하여 사용함으로써, 대중에 대한 자기의 권위를 유지하고 자기의 의지를 고집하고 있는 광경은 대중 민주주의의 전율할 만한 모습이다.

이 문제는 변변치 않은 해답으로는 해결이 나지 않는 문제이다. 이 변변치 않은 해답은 '국민의'(나의 해석으로는 국민 주권의 의미로, 국민에게 속한다는 것이다.), '국민에 의한'(나의 생각으로는, 정부가 하는 일에 직접 참가함을 의미한다.), '국민을 위한'(이것은 이상의 참가가 있을 때에만 가능한 치자(治者)와 피치자의 이해의 일치를 요구하는 것이다.) 정치라고 하는 링컨의 통치 공식 중에도 포함되어 있다. 또한 이 변변치 않은 해답은 요리사들도 통치 방법을 배우고 노동자도 서로

서로 행정 업무를 보지 않으면 안 된다고 하는 대단히 어리석은 레닌의 요구에도 포함되어 있다.

19세기 민주주의의 건설은 시간도 오래 걸렸고 힘든 일이었다. 새로운 대중 민주주의의 건설은 이보다 쉬울 리가 없을 것이다. 여기서 오직 역사가는 우리가 걸어 온 길을 돌아보고, 다음 세대에 부과된 근본 문제를 분석할 수 있을 뿐이다. 요구되고 있는 해답의 성질에 대하여 역사가가 어떤 빛을 던져 줄 수 있을지도 모른다. 그러나 그는 이 해답을 규정하거나 명령할 수는 없을 것이다.

나로서는 우리가 특권 계급의 개인주의적 민주주의로 돌아갈 수 있으리라고는 생각하지 않는다. 뿐만 아니라, 경찰적 기능만을 행사하는 약한 국가라는 순연히 정치적인 민주주의로 되돌아갈 수도 없다. 이미 우리는 대중 민주주의와 평등주의적 민주주의, 경제 과정의 공적 통제 및 계획을 가진 구제적이고 건설적인 기능을 하는 강력한 국가와 관련을 맺고 말았다.

이성의 근본적 역할에 대해서는 내 마지막 강연에서 말하려고 한다. 다만 여기서 말하려는 것은, 나는 비합리적인 것으로의 도피나 비합리적 가치의 고양(高揚)을 믿지 않는다는 것이다. 이성은 불완전한 도구일지도 모른다. 또 우리는 이제 이성의 성격이나 기능에 대하여 18세기와 19세기에서 통용되던 것과 같이 단순한 견해를 가질 수도 없다. 그러나 그럼에도 불구하고 우리가 희망을 두지 않으면 안 될 것은 이성의 힘이 넓어지고 깊어지는 데에 있다.

대중 민주주의는 책임 있고 용기 있는 지도자를 필요로 할 뿐 아니라, 개인주의적 민주주의와 마찬가지로 교양 있는 계급도 필요로 한다. 왜냐하면 이렇게 함으로써만이 대중 민주주의의 커다란 위협인 지도자와 대중 사이에 존재하는 갭에 다리를 놓을 수 있기 때문이다. 이 일은 어려운 일이지만 절망적인 것은 아니다. 지난 5년 동안에 영국은 다른 어느 나라보다도 사회적·경제적 발전에 새로운 한 선을 그어 놓았다. 이렇듯이 나는 영국이 다른 어느 나라보다도 교양 있는 대중 민주주의의 기초를 놓기에 보다 좋은 기회를 맞고 있다고 믿는다.

제5강 변형된 세계

오늘날의 국제 정세 중에서 눈에 띄는 것은 서구가 힘을 잃어 가고 있다는 점이다. 이 수세기 동안 서구는 처음으로 지구의 중심이 아닌 상태가 되었다. 우리가 사용해 오던 지리상의 명칭마저도 시대에 뒤진 부적당한 것이 되어 버렸다. 즉, 힘의 중심이 워싱턴에 있는 현재의 세계에서는, 현대의 극동은 소위 철의 장막의 나라들 주변에 있고, 극서는 아시아 동해안에 연해 있다.

이 두 선 사이에 위치한 유럽과 아시아의 거대한 땅덩어리는, 군사상의 노력도 포교상의 노력도 거의 받지 않는 미지의 국토가 되어 왔다. 이 지역은 사실상 우리의 세계에 더 이상 속하지 않고, 옛날 지도 제작자가 대체적이고 포괄적으로 '여기에 미개인 살다.'라고 기입해 놓은 소속 불명의 지역에 불과하다.

유럽의 몰락은 오래 전부터 징조가 있었다. 이 몰락이 단호히 공표된 것은 프랑스 혁명이 18세기 유럽의 봉건적 구조를 분쇄한 때의 일이다. 버크는 그의 유명한

≪프랑스 혁명의 고찰≫에서 "유럽의 영광은 사라졌다." 고 선언하였다. 헤겔은, 오늘날에 와서는 비난할 때밖에는 인용되지 않는 철학자이지만, 그는 1820년대에 아메리카를 가리켜 '낡은 유럽의 역사적 헛간에 싫증이 나는 사람들에게 있어서 희망의 나라', 또는 '장래 그 자체로써 세계사의 과제를 보여 줄 미래의 나라'라고 말했다.

그 다음 1830년대에 토크빌은 러시아인과 미국인을 미래의 2대 국민으로 찬양하여, "그들이 하늘의 뜻에 의해 지구의 반분의 운명을 지배하게 될 것으로 생각된다."고 기술했다. 1840년대 말경, 알렉산드르 헤르첸(Alexander Herzen, 1812~1870, 러시아의 사상가)은 '인류의 운명과 장래가 서구에 달려 있다.'고 믿기를 거부하고, 미합중국과 러시아를 횃불을 밝혀 갈 태세를 갖추어 가고 있는 두 원기 있는 젊은 국가라고 불렀다.

이 예언은 대단한 것이었지만 너무 이른 예언이었기 때문에 19세기 중엽 이후에는 어느 사람의 입에도 오르지 않았다. 그것은 생각지도 못한 사태가 발생했기 때문이다. 정치 문제의 관측자·이론가·팬들이 프랑스의 정치 혁명의 운명에 주의를 집중하고 있는 동안에, 또 하나의 혁명—산업혁명—이 영국에서 일어났다. 그리하여 그것을 일반에게 선전한 1851년의 대 박람회가 열리기 훨씬 전에 산업혁명은 영국의 모습뿐만 아니라 세계의 모습을 바꾸어 놓았다. 그 정치 철학의 어떤 측면에 대해서는 앞의 강연에서 이미 논했다. 따라서 여기서는 그 국제적 의미를 다루어야겠다.

산업혁명의 근본은 증기력이었다. 영국이 산업혁명의 선두에 서게 된 것은 부분적으로는 영국 국민의 발명의 재능과 진취적 기상에 의한 것이었지만, 또 다른 면에서는 철과 석탄이 풍부했던 데 기인한 것이었다. 산업혁명의 본질은 미증유(未曾有)의 규모로 분업이 세계적이게 된 데 있다. 또 증기력 덕택에 국내 시장에서 소화할 수 있는 것 이상의 대량 물품을 생산하는 것이 경제적이게 되었다. 또 증기력 덕택으로 이러한 물품을 세계 어느 곳에든지 신속하고 싼 값으로 수송할 수 있게 된 것이다.

그래서 영국은 세계의 공업 중심지가 될 수 있었다. 그리고 다른 나라들은 영국의 공업 제품과 교환으로 영국이 가장 필요로 하는 식량과 원료를 공급해 줄 수가 있었다. 그러나 1870년경부터, 특히 독일과 미국이 영국 공업의 독점에 대하여 중대한 위협이 되기 시작했다. 그래도 시장이 계속 확대되어 나갔기 때문에 경쟁을 별로 느끼지 못했고 또 경쟁을 두려워하지도 않았다. 영국의 우위가 급속히 쇠퇴해 갔다고는 해도, 그 시스템은 그대로 19세기 말까지 지속됐다.

이 기간을 통하여 런던 시의 교묘한 재정적 수완에 의해서 매사가 원활하게 되어갔다. 세계적인 금융 시장과 화폐 제도가 유지되고 균형과 규율이 보존된 것은 국제 투자의 조류를 면밀히 조종할 수 있었던 까닭인데, 이 조류의 근원은 영국의 일반 투자가들이었다.

이 놀랄 만큼 극히 인공적 유형의 세계 경제를 만들어 놓은 그 독특한 조건들은 19세기의 종말이 오기 전에 희미해져 가기 시작했다. 그것의 계속 여부는 선진 공업 국가들이 점차적으로, 그리고 비교적 마찰 없이 팽창해 갈 수 있는가 없는가 하는 데 달려 있었다.

1880년대에 들어와서는 지구상에 얼마 남아 있지 않은 빈 땅을 손에 넣으려고 하는 경쟁이 치열해져 가고 있었다. 1900년경에는 새로운 후보자, 특히 일본과 러시아가 선진 공업국이라는 마술에 걸린 나라들 틈에 끼여들려고 애를 썼다.

1914년 세계적 규모의 결정적인 충돌이 일어나자, 당당하고 견고하게 보이던 대건축이 골패짝 쓰러지듯 무너지고 말았다. 19세기의 세계 경제 조직은 더 이상

자라나는 나무가 아니라 죽은 목재였다는 것을 인식하지 못하였기 때문에 여기에 태풍이 불어닥친 것이었다. 런던 시 금융상의 은혜로운 권위하에서 국제적 분업과 자유로운—혹은 어느 정도 자유로운—다각적 무역 체제가 성립되었으나, 이것은 화사한 즉흥시였다. 너무도 화사했기 때문에 그 놀라운 혜택을 입고 있던 사람들에게는 그것이 영구히 계속될 것처럼 보였다. 그러나 1914년 이전부터 나무의 줄기는 썩기 시작해서 틈새가 보였다. 그러다 그것이 일단 쓰러지자 다시는 일으켜 세울 수가 없었던 것이다.

19세기의 커다란 환상은 이 세기가 창조한 사회적·경제적 질서의 눈부신 성공에 관한 것도 아니었고, 그 질서가 인류의 부와 복지에 기여한 사실에 관한 것도 아니었다. 이러한 것들은 명백한 일이었으며, 또 오늘날도 명백한 일이다. 오히려 그 커다란 환상은 그토록 일시적이고 불안정한 건물을, 영원한 것 혹은 꽤 오래갈 것으로 생각했던 데 있었다.

이 환상은 제1차 세계대전 후의 10년간을 지배했다. 전승국(戰勝國)의 경제적 지도자들의 압도적인 욕망은 1914년 이전의 평온한 시대의 상태(常態, normalcy)로 돌아가는 것이었다. 그들의 마음에 비친 세계의 모습은 자연적 예정조화(豫定調和)가 깨어지고 공연히 국제 무역을 방해하는 '장벽'이 만들어져서, 국제 금융의 유통이 쓸데없이, 그리고 치명적으로 '막혀 있다'는 것이었다.

19세기의 세계 경제로부터 큰 이득을 본 나라들과, 때로는 무자비하지만 역시 변함없는 경제 법칙에서 자라난 실업가들이 위와 같은 진단을 내리는 것은 확실히 부득이한 일이었다. 그러나 실업가들의 이러한 환상을 간파한 정치가들로서도 기뻐할 이유는 없었다. 왜냐하면 오늘도 외교적인 거래의 부단한 과정에 의하여 유지된 세력 균형, 이것을 기초로 한 1914년 이전의 시스템으로 복귀하는 것이 가능하다고 하는 중대한 환상에 빠졌기 때문이다.

이것은 타협과 소수자의 권리 존중에 의한 정치라고 하는 자유주의적 민주주의 관념의 국제판이었다. 그리고 이것이 뮌헨 회담의 길을 열어 준 환상들 중에서 가장 중대하고 주목할 만한 환상이었던 것이다. 그러나 새로운 세기로 접어들면서 국경은 폐쇄되고, 마찰 없는 확장 같은 것은 꿈도 꾸지 못하게 되었으며, 정치적으로나 경제적으로나 19세기적 질서의 전제는 무너지고 말았다.

조화의 환상은 이젠 되찾을 수가 없게 되었다. 낡은 세계 경제와 낡은 국제적 세력 균형으로의 복귀를 전제로 하는 어떠한 조치도 실패할 수밖에 없게 되었다.

1914년 이전의 정치적·경제적 질서로의 복귀 환상 가운데 남아 있던 것조차도, 제2차 세계대전에 의하여 대부분의 세계로부터 마침내 사라져 버렸다. 오직 미합중국만이 이 과정의 역설적인 예외가 되고 있다. 어째서 이런 이상 현상이 생기게 되었는가를 설명하기는 어려운 일이 아니다.

첫째, 미국은 주요 유럽 국가들보다 뒤에 성숙한 아직 젊은 나라이다. 따라서 제도나 관념면에서 유럽으로부터 많은 것을 받아들였으나 대체로 좀 뒤늦게 받아들였다. 1919년, 우드로 윌슨(Woodrow Wilson, 1856~1924, 미국의 정치가)이 존 브라이트(John Bright, 1811~89, 영국의 정치가)나 윌리엄 글래드스턴(William Gladstone, 1809~1893, 영국의 정치가)의 언어를 쓰며 유럽을 방문했던 것과 똑같이, 오늘의 미국 정치·경제상의 대체적인 풍조는 1920년대의 영국을 상기시키는 것이 많다. 즉 1920년대에는 구체적으로는 경제적인 전통으로부터의 이탈이 있었지만, 아직 전통 자체는 심각할 정도로 도전을 받지 않았다. 또 로카르노

조약에 의해 유럽의 세력 균형이 회복된 것과 같이 보여서 그것이 영국 외교 정책의 성공이라고 생각되었던 것이다.

둘째, 두 차례 세계대전의 타격과 근대사상 가장 지독한 경제적 불황이라고 해도, 미국에서는 유럽의 경제보다는 젊고 건장한 경제 위에 습격을 당한 것이다. 공황은 격렬하고 견디기 어려운 것이었지만, 일단 그것이 지나가자 환자는 병이 완전히 나았다고 믿었다. 유럽 사람들처럼 이 경험을 하나의 역사적 기간의 결정적인 종말이라고 생각하지 않았던 것이다.

셋째로, 자유 경쟁과 자유 무역, 그리고 시장의 자유를 주장한 19세기의 세계 경제는 경제적으로 강한 자의 낙원이었다. 이들 경제적인 강자는 그들의 힘으로 획득한 것을 자유로이 향유하기를 원했으며, 약소국이 자위책으로 장벽을 높이는 데 대하여 화를 내었던 것이다. 경제적 우위가 미국으로 옮겨진 오늘날, 19세기에 영국의 주도권하에서 성공한 정책이 어째서 오늘날 미국의 주도권하에서는 성공해선 안 되는 것인가, 그 이유를 미국인이 이해하기란 극히 곤란한 일이다.

전세기가 영국의 세기였던 것과 똑같은 의미, 똑같은 권리에서 금세기가 미국의 세기라는 것은 미국인만이 아니라 일반적으로 되풀이되고 있는 말이다. 주도권의 횃불은 대서양을 건너 옮겨졌다. 그러나 그것은 본질적으로 같은 횃불일까? 같다고 생각하는 징후는 경제계에도, 정치계에도 나타나고 있다. 제2차 세계대전에 이미 코델 헐(Cordell Hull, 1871~1955, 미국의 정치가)은 20세기의 리처드 코브던(Richard Cobden 1804~1865, 영국의 정치가)으로 자칭하였고, 대전중에는 무기 대여 협정의 본문 제7조에 의거, 성조기가 19세기의 다각적 자유 무역의 돛대 위에 굳게 매달렸으며, 대전 후의 브레턴 우즈 협정은 19세기의 국제 금융 시장을 부활시키려는 미국의 의식적인 기도였다.

미국의 새로운 외교 정책의 목표는 19세기에 영국이 한 것과 같은 방법으로 국제적 세력 균형을 수립하는 일에 있다. 19세기에 영국이 전쟁을 원하지 않았던 것과 같이 미국의 외교 정책도 전쟁을 원치 않고 있다. 그것은 영토를 획득하려고도 생사시 않고 있으며 하나의 이데올로기를 옹호하거나 조장하려고도 하지 않는다.

그것이 원하고 있는 것은 유럽에(그리고 아시아에서도) 세력 균형이 안정되어, 유럽(그리고 아시아)을 정치적으로 내버려 둘 수 있고, 자기는 세계 경제를 지배하는 데 성공하겠다는 것이다. 이것이 바로—적어도 교과서에는 그렇게 써 있다—영국이 19세기에 성취한 것이며, 또 미국 외교 정책의 꿈이다. 따라서 미국은 이 꿈을 실현하기 위하여 국가주의적인 독일, 반파쇼적인 이탈리아, 공공연히 파쇼적인 스페인, 군국주의적인 일본, 그리고 아시아 대륙에서 볼 수 있는 가장 반동적인 모든 집단에게 원조를 해주게 될 것이다. 과거에도 영국이 세력 균형을 추구하는 나머지 동맹국의 이데올로기에 대해 까다로운 선택을 할 여유가 없었던 시기가 있었다.

그러므로 미국의 외교 정책을 이해하기 위해서는—이해하면 우리도 그 뜻을 잘 알게 된다—그것이 19세기에 영국이 이룩한 바를 반의식적으로, 또 반의무적으로 모방한 것이라는 것을 깨닫지 않으면 안 된다. 오늘날 대다수의 미국인은 한 가지 성가신 우연적 요인만 없었다면, 즉 러시아 국민의 침략성과 비타협성만 없었다면, 미국의 주도권이 영국의 주도권을 대치하여 세계는 한 세기 전과 마찬가지로 훌륭하고 평화로우며 번영된 세상이 될 수 있었을 것—여기엔 과거에 대한 이상화(理想化)가 약간 개재하고 있을 수도 있다—이라고 생각하고 있다.

그들은 이와 같이 러시아 국민과 러시아 혁명을 그들

이 당연히 받을 유산을 빼앗아 간 것으로 간주하고 대단히 증오하고 있다. 그와 같은 감정과 의견은 전적으로 당연하다. 그러나 그들이 의존하고 있는 진단은 너무도 역사적 전망이 결여되어 있다. 오늘날 세상에 있는 모든 악과 모든 난점을 러시아인의 책임이라고 생각하는 것은 우리 자신의 책임과 임무로부터 너무 안이하게 회피하려는 것이다.

우리는 프랑스 혁명과 아메리카 혁명, 그리고 산업혁명이라는 광대한 역사적 지역에 원천을 두고 있는 사건의 흐름 속을 헤쳐 나가고 있는 중이다. 러시아 혁명도 그 하나의 지류로서 비교적 최근에야 그 본류에 합쳐졌고, 이 때문에 본류의 수량이 불어나고 그 물결이 거칠어졌다고 해도 본류의 진로는 별로 변하지 않은 것 같고 그 흐름은 계속되어 간다.

러시아 혁명이 없었다고 해도, 19세기 중엽에 우리가 통과한 것과는 전혀 다른 수역·기후 속을 오늘날 우리가 항해하고 있을 것이다. 우리의 새 항해사가 백년 전의 항해사들이 사용하던 수로도(水路圖)를 보고 항로를 정하려 한다면 배를 좌초시키는 중대한 위험을 당할 것이다.

그러면 국제 정세는 20세기에 어떻게 근본적으로 변

화했는가? 19세기적 견지나 기술은 어느 점에서 오늘날 시대에 뒤진 것이 되었는가? 세밀히 말하자면 한이 없겠으나 두 개의 큰 제목으로 요약하면, 오늘날 우리는 약 2세기 동안이나 진행되어 온 혁명 시대—마르크스라면 '영구(永久) 혁명'이라고 했을 것이다—에 살고 있으며, 그 현재의 두 측면은 사회 혁명과 식민지 혁명이라고 하는 것이 가장 적절할 것 같다. 그렇다면 우리는 이 두 세계적 혁명의 어느 쪽에 서 있는 것인가?

사회 혁명의 개략은 앞의 강연에서 얘기한 바 있다. 그것은 '야경' 국가로부터 '사회 봉사' 국가, 혹은 '복지' 국가로 이행되는 형태를 취하고 있다. 즉, 우리가 이러한 국가에 요구하고 있는 것은 국가가 그 국민들 사이에 일찍이 없었던 대규모의 평등—'만인에 대한 공평한 분배'—을 가져다 주는 것이다. 또 만인에 대하여 가급적 자유와 기회의 균등을 보증하는 것이다.

그리고 국민 경제에 있어 계획과 통제를 실시하여 자유 방임 체제에 있어서의 고유한 주기적 공황을 회피하고, 노동할 수 있는 모든 사람에게 완전 고용을 보장하며, 천연 자원 및 인적 자원을 최고 이윤으로, 팔리는 물품의 생산보다도 가장 필요한 물품의 생산으로 돌리는 일이다. 또한 국제 무역에 있어서 계획과 통제를 시행하여 우리의 부족한 자원을, 우리가 가장 필요로 하는 물품을, 가장 유리한 조건으로 수입하는 데 사용하는 것이다.

이러한 것은 국가가 시행해야 할 기능으로서는 새롭고 혁명적인 것이어서, 이것을 시행하려는 기도에는 반드시 처음에 많은 실패가 따르게 될 것이다. 그러나 여기서 현대 사회 혁명의 두 국제적 양상―러시아적 양상과 미국적 양상―에 대하여 약간의 논평이 필요하다고 본다.

요즘 양쪽이 모두 외교적으로 줄다리기를 하고는 있지만, 세계라고 하는 것은 하나여서 러시아 혁명도 20세기의 사회 혁명의 한 징후이며, 오직 일부분에 지나지 않는 것이었다. 선진 공업국에서는 점차적으로, 그리고 부드럽게 조성된 사회적 긴장이 공업적으로 가장 뒤떨어진 국가에서는 극단의 폭력을 수반하여 폭발했다. 그리하여 프롤레타리아 혁명은 자본주의가 최고로 발달한 나라에서 일어난다고 한 마르크스의 예언을 어그러지게 했다.

제1차 세계대전중에, 뒤떨어진 러시아에서 일어난 1917년의 혁명은 다음과 같은 핸디캡에 직면하지 않을 수 없었다. 첫째로, 그 원시적 경제가 대규모적인 전쟁의 타격으로 인해 손댈 수 없이 파괴되고 혼란스러워진 것, 둘째로, 정치적으로도 원시적인 사회가 구식 봉건 독재정치 이외의 어떠한 정치 형태에도 익숙하지 못했던 것이다. 이러한 조건은 즉각적으로 혁명의 이론과 실제에 영향을 주어서, 결국 처음에는 동정과 열성으로 혁명을 환영했던 사람들의 마음속에까지 공포와 경악감을 일으켜 놓기 시작했다.

러시아 혁명에 대한 서양 여러 나라의 태도는 심히 못마땅해 하는 것이었다. 건전한 판단은, 러시아 혁명에는 배워야 할 것이 있는 동시에 거부해야 할 것도 있다는 것을 항상 인정해 왔다. 그러나 이 두 가지 반응의 비율에 이르면 늘 논쟁적인 것이 되어 버렸다. 이 점에 관한 견해 차이는 우익과 좌익의 분열에서 오고 있다. 그러나 또 한 가지 의견 차이는, 서양 여러 나라와 소비에트 러시아의 관계는 변화하는 데 따라서 시기를 좇아 변화한다는 연대적인 것이다.

말할 것도 없이, 현재는 이 관계가 과거 30년간의 어느 때보다도 악화되어, 러시아 혁명에 대한 현재의 평가는 최하점까지 떨어져 있다. 사실 이제는 어떤 정책이든 간에 러시아에서 행해진 것과 비슷한 데가 있는 정책이라고 지적하면, 그것만으로도 그 정책을 불신하게 되었을 정도이다. 이런 것은 참으로 유감스런 일이다. 그것이 인간적인 것이라고는 해도, 우리가 싫어하는 이웃의 아무개가 좋은 일이라고 생각한다는 이유로, 나도 좋아하는 그 일을 멀리 하는 것은 어린애 같은 짓이다.

사회주의적 견지에서 본다면, 최초의 사회주의 혁명이 러시아와 같은 정치·경제적 배경을 가진 나라에서 일어나야 했던 것은 역시 하나의 불행이었을지도 모른다. 그러나 영국 정부가 계획경제를 확립하고, 주요 산업을 국유화하며, 외국 무역·외환·중요 물자 분배에 통제를 가하고, 전시 체제의 방법으로 노동 관리를 행한다고 할 경우에, 영국은 전체주의적 경찰 국가로의 길을 걸어가고 있는 것이라는 것을 입증하기 위한 서적이 발행된다고 해도 그것은 딴 생각을 품고 말하는 것이거나, 아니면 정녕 어리석은 짓이라고 해야 할 것이다. 과거 30년을 총결산해 본다면, 서구 제국과 미국에 관한 한 공산주의 자체가 저지른 폐해보다도, 많은 사람이 공산주의라는 유령에 겁을 집어먹고 도리에 맞는 일을 실행하지 못한 폐해 쪽이 더 컸다는 것을 쉽사리 알 수 있을 것이다.

사회 혁명의 아메리카적 양상은 좀더 어렵다. 어째서

아메리카의 사회 혁명이 유럽의 사회 혁명보다 뒤졌는가—실제로는 일반이 말하고 있는 정도로 그렇게 뒤지지는 않았지만—하는 이유는 이미 지적한 바 있다. 자유 방임과 민간 기업의 원리의 미국 경제에 있어서의 전통적 지배—사실 아직도 지배하고 있느냐 아니냐는 별개로 하고—는 그 자체가 다른 나라에 불안을 주는 것은 아니라고 본다.

그러나 더 이상 이러한 원리를 그대로 유럽의 황량한 경제 지대로 수출할 수는 없는 일이다. 왜냐하면 유럽에서는 오랫동안의 궁핍과 실업으로 인해 많은 사람이 사회적·경제적 불평등, 동일 사회에 병존하는 빈부의 양극단, 자원이 사치품 생산에 사용되는 한편 기본적 필요가 충족되지 못한 채로 있는 사업, 이러한 것들을 예리하게 의식하게 된 까닭이다. 또한 유럽에서는 무계획하고 무통제한 경제에서 오는 이상과 같은 폐해를 국가 기관에 의하여 억제해 나가야 할 필요를 일반이 인정하고 있기 때문이다.

알리스테어 쿡(Alistair Cook, 1908~, 미국의 저널리스트)이 매주 그의 훌륭한 방송을 통하여 우리에게 늘 상기시키고 있듯이, 미국은 대실업가의 나라도 아니며, 큰 인물들의 나라도 아니다. 대부분의 미국인은 매일매일을 꾸려 나가기에 분주하고, 물가가 영국보다 빨리 뛴다고 짜증을 내며, 여기에 대해서 정부가 어떻게 할 것인가를 궁금해 하는 서민들이다. 유럽에 전해지고 있는 미국의 공식적인 소리가 미국 서민의 소리로서 오지 않는 것은 참으로 유감스러운 일이다.

만일 미국 서민의 소리를 들을 수 있다면 그것은 똑같지는 않다 하더라도, 비슷한 사회 문제에 직면하고 있는 대서양 너머에 한층 더 큰 연대감, 즉 우리의 사회 혁명—그것을 뭐라고 부르든—에 대하여 공통된 이해 관계를 갖는다고 하는 감정, 이러한 감정을 자아내는 데 도움이 될 것이다. 더 나아가서 그것은 유럽에 있어서의 미국의 정책이 유럽 서민의 운명보다도 대실업가의 운명에 더 관심을 가지고 있다는 비난에 대한 최선의 대답이 될 수도 있을 것이다.

대서양 양안(兩岸)의 근본적 태도가 서로 다르기 쉬운 점이 또 하나 있다. 이것은 재군비(再軍備) 문제이다. 유럽에서는 아무도 재군비의 필요를 부정하지 않는다. 미군이 한국 38선에서 철수한 것처럼 그들이 오늘날 독일에서 철수하면 유럽에서도 한국 전쟁과 같은 사변이 일어날 가능성이 있는 것이다. 나는 평화주의자가 되어 본 적도 없고 또 국제 문제에 있어서 힘의 중용성을 의심해 본 적도 없다. 미국과 서구 세계가 지금 무력을 없앤다고 하면 머지않아 세계 지도상에 근본적인 파국적 변화가 있으리라는 것은 틀림없을 것 같다.

그러나 완전히 무력을 없애서 무력하게 된 모습과, 미국과 서구가 모두 완전히 무장하여 전시 편성을 한 모습 사이에는 하나의 선이 그어질 수 있을 것이다. 그리고 이 선 어딘가에서 이성과 상식에 합치되는 점이 발견될 수 있을 것이다. 조지 클레망소(Georges Clemenceau, 1841~1929, 프랑스의 정치가)가 어떤 유명한 석상에서 말한 것처럼 '전쟁은 장군들에게 맡겨 두기에는 너무 중대한 문제'이다. 그리고 냉전에서는 후방도 전선만큼 중요한 것이다. 소비에트 러시아의 위협은 군사적인 것만이 아니다. 유럽의 여러 나라에는 사회 제도의 불공정이나 불공평에 대한 뿌리 깊은 불만이 있어, 이것이 약점을 만들어 놓고 있다. 그 중에도 공산당·제5열·동조자 등에 대한 일반의 공포, 노동 조합 및 그 밖의 단체에 침투할지도 모른다는 광범한 공포가 그 명백한 증거이다. 이와 같은 잠재적 불만에 대해서는 재군비란 아무런 쓸모가 없다.

현재의 정세가 어려운 것은 손해를 입지 않고 발전하고 있는 미국 경제에서 보면, 재군비는 역시 대체로 이용할 수 있는 자원을 소모하는 것을 뜻하며, 과잉 생산의 구김살을 제거하는 것, 심지어는 잠재적 실업에 대한 안전 장치마저 된다. 그러나 유럽과 영국에 있어서 재군비란 처음부터 물질적·사회적 재건에 꼭 필요한 자원을 유용하는 것임을 뜻하며, 절실한 공복감을 의미하고 우리의 사회 정책에 대한 더 한층의 침해를 의미하는 것이다. 특히 영국에서는 현재 노동력이 부족한 상태이며 노인이 점점 더 늘어가고 있어서 국민의 생활 수준을 겨우 유지해 가는 상황이다.

아무리 미국의 원조가 관대하다 해도, 일할 수 있는 청년의 다수가 군대로 간다면 이같은 생활 수준이 지금보다도 더 떨어지게 되는 것이다. 이 한 점을 넘으면, 전선의 능률이 올라가는 대신 국내 전선의 안정과 지구력을 잃게 된다. 이러한 한 점은 누구나 용이하게 판단하는 것이다. 오늘날 영국 정부—혹은 유럽 나라들의 정부—에 있어서, 군사 계획과 사회 계획 간의 이 절실한 균형을 지키는 것 이상으로 중대하고 어려운 문제는 달리 또 없다. 또한 이 이상 절실히 미국의 동정과 이해를 필요로 하는 문제도 없다.

자, 이것이 20세기 정치의 모습을 일변시키고 아울러 새로운 사회를 형성시키고 있는 두 개의 큰 힘의 하나이다. 그것은 사회 혁명이며, 또 하나의 힘은 식민지 혁명이다. 여기서도 우리는 세계가 선진 공업국과 후진 식민지국으로 나누어져 있던 19세기 사회의 분석으로부터 출발하지 않으면 안 된다.

이와 같은 기능의 구별은 대체로 피부색의 구별에 대응한 것으로서, 그것이 세계 경제의 기초가 되어 있었다. 결국 인종적 불평등이 경제적 지위의 불평등과 매치되어 있었던 것이다.

이 구별도 신세기의 문이 열리기 전까지는 심각한 도전을 받지 않았다. 그러다가 20세기가 되면서 무언가가 술렁대기 시작했다. 1900년, 의화단의 난이 일어났을 때 독일의 카이저(Kaiser, 1859~1941, 제1차 세계대전 당시의 독일 황제)는 황화론(黃禍論)을 주창하고, 그의 병사들에게 흉노족과 같이 쳐부술 것을 촉구하였다. 특히 남아(南阿)전쟁 이후 세계의 패권을 점점 무겁게 느껴 온 영국은 1902년 1월, 전례를 깨고 선진 제국의 공업 기술을 모방하는 데 놀라운 재능을 발휘한 황색 인종의 한 국가와 동맹을 맺었다.

그리고 같은 해, 영국의 경제학자 J. A. 홉슨(John Atkinson Hobson, 1858~1904)은 공업국과 식민지 간의 경제 관계에 대한 최초의 체계적 분석을 발표했는

데, 이것을 ≪제국주의론≫이라고 부름으로써 제국주의라는 말에 새로운 의미를 가해 주었다. 지배적 그룹은 실력상의 약점과 양심의 가책—이런 것들은 보통 혁명의 전주이다—을 나타내고 있었다.

1905년 러시아에 대한 일본의 승리는 러시아 및 유색 인종의 세계에 커다란 반향을 주었다. 이 뒤를 이어서 1905년의 러시아 혁명·페르시아 혁명·터키 혁명이 일어났는데, 그 중에도 가장 중요한 것은 중국 혁명이 일어난 것이다. 이에 자극을 받아 인도에서는 최초의 개혁이 단행되어 자치의 길을 걷게 되었고, 인도네시아에서는 네덜란드 정부의 간섭 정치에 대하여 처음으로 봉기 운동이 일어났다. 제1차 세계대전 후 이와 같은 운동은 더욱 강화되었는데, 여기에 소비에트의 선전, 때로는 소비에트의 자금이 원조된 일도 있었다. 그러나 이러한 운동은 외부로부터의 선동을 필요로 하지 않았고, 또 소비에트의 방법이라는 것도 특히 유효한 것이라고는 할 수가 없었다.

아시아의 식민지 혁명을 절정에 끌어올려 놓은 것은 제2차 세계대전에 있어서의 일본의 행동이었다. 일본이 아시아를 백색 인종으로부터 해방한다고 부르짖어 왔기 때문에, 연합국이 승리한 후 이전에 군사적으로나 경제적으로나 아시아 대부분에 걸쳐 있던 백인의 패권은 회복할 길이 전혀 불가능하게 되었다. 이 운동은 정치적·경제적·인종적 불평등에 대한 일반적인 반향이 되었고, 그리하여 피부색이라는 것은 적어도 공산주의만큼 중요한 요인이 되었다. 이 식민지 혁명은 아시아에 국한되지 않았다. 그것은 아프리카에서도 진행되고 있는 중이다.

이러한 식민지 혁명의 성격은 어떠한 것인가? 20세기 초, 자유 방임의 정치 철학이 세계를 지배하고 있을 무렵에는, 식민지 혁명은 처음에 이집트와 터키에 있어서의 치외법권의 철폐, 인도의 자치, 중국의 불평등 조약의 폐기 등과 같은 정치적 요구의 형태로 나타났다. 지금도 이러한 정치적 요구는 줄어들지 않았고, 오늘날도 유럽 국가들이 어떤 형태로든지 '후진' 민족을 지배하고 있는 곳에서는 정치적 독립의 요구가 점점 더 강해져 가고 있다. 인도에서와 같이 이 요구가 완전히 받아들여진 곳에서는 유럽 국민과 아시아 국민의 관계가 호전되어 갔다. 아시아 민족이라고 해도 유럽 민족처럼 많은 차이와 상호 반목으로 인하여 분열되어 있지만, 현재 유럽의 정치적·군사적 간섭을 배제하려 한다는 소원에 있어서는 모두가 일치하고 있는 것이다.

오늘날, 식민지 혁명의 근본적 본질은 정치적인 것보다는 오히려 경제적인 것이어서, 이 점이 세계로 하여금 파국에 이르지 않고 어떻게든지 이를 헤쳐 나갈 수 있다는 희망을 주고 있다. J. A. 홉슨이나 레닌, 그 밖의 많은 저술가가 발표한 제국주의관은 이제는 소위 후진 여러 민족 지도자들의 의식에 철저히 침투되어 있다. 따라서, 그들은 일찍이 브라이트와 J. S. 밀의 정치학설을 가지고 유럽과 싸웠듯이 지금은 유럽으로부터 배운 경제학설을 가지고 유럽과 싸우고 있다. 아시아와 아프리카가 근본적으로 반항하고 있는 것은—그 반항이 일상 행동에 있어서 정치적이든 경제적이든, 어떤 형태를 취하든 간에—세계를 선진 국민과 후진 국민으로 구별하는 19세기풍의 방법이며, 또 이 구별의 기초인, 세계의 어떤 지역만이 고도로 공업화되고 다른 지역이 무시되고 있다고 하는 사실이다.

이젠 정치적 독립과 정치적 평등만으로는 충분하지가 않다. 이러한 목표도 그것들이 달성되기 전에는 극히 중요한 것처럼 보였으나, 이제는 그것이 경제적 독립과 경제적 평등이라는 사실에 의해서 밑받침되지 않는 한 공허하고 비실제적인 것으로 간주되고 있다. 그런데 경제적 독립과 경제적 평등에 이르는 길은 한층 더 멀고 더 어려운 것이다. 대규모 근대적 기계 공업이 물질적 생활 수준의 향상, 교육과 문화의 보급과 함께 정치상·군사상의 권력과 권위를 주는 것은 후진 국민이 철저히 배우고 또 소화해 왔다. 후진국이 선진국으로 된 것은 다른 방법에 의한 것이 아니라 공업화 과정을 통한 것이었다. 현대 동양에서는 간디의 물레는 하나의 낡아빠진 의식에 지나지 않는다. 공업이야말로 진보의 상징이 되고 있고, 모방은 식민지적인 동양이 공업적인 서양에 바치는 최후의 성실한 진상(進上)이다.

서양 문명에 대한 동양의 질투와 감탄은 과거의 불평등에 대한 깊은 분개와 결합되어 현재의 관계를 복잡 미묘하게 만들고 있다. 과거의 죄를 알고 있는 영국은 우선은 미국보다 이러한 곤란을 예민하게 인식하고 있는 것 같다. 미국은 유럽 열강의 간섭주의적 정책에서 초연했던 까닭에, 과거에 아시아에서 권위와 인기를 누렸던 것이다. 19세기에 아시아에서 이 두 나라의 역할은 이와 같이 해서 대체로 반대가 되었다. 서양 제국이 극동 정책에 있어서 극복하지 않으면 안 될 핸디캡은 정치적인 것과 경제적인 것, 이 두 가지가 있다. 아시아를 우리에 대항하여 단결케 하고 있는 정치적·군사적 간섭의 핸디캡은 어떻게 해서든지 그만두어야 할 일이다. 그런 다음에 분업을 위한 불평등한 협력에 근거한 경제적 전통이라는 핸디캡, 이것을 없애 버리지 않으면 안 될 것이다. 우리는 우리의 경제적인 제안이 의혹의 눈으로 받아들여지리라는 사실을 솔직히 인정해야 한다. 이 의혹은 과거의 경험으로부터 왔다기보다는, 대공업국이 경쟁을 두려워하여 아시아 민족의 근대적 공업화를 조장하는 일을 원치 않는다는 신앙에서 나오고 있는 것이다.

또 한편으로 워싱턴 수출입 은행의 활동과 트루먼 대통령의 후진국 개발 계획의 실시가 그때까지 주로 라틴 아메리카에 지향되어 왔다는 사실은, 미개발 국가들에 대한 미국의 경제적·재정적 원조가, 이를 받아들이는 나라들 스스로가 미국의 정치 세력권에 들어오는가 아닌가에 의하여 정해지는 것은 아닐까 하는 의구심을 널리 퍼뜨리기에 이르렀다. 이러한 신앙과 이러한 의구심은 비록 정당한 근거가 결여되어 있다 하더라도 서양 제국의 아시아 정책상의 최대 약점을 이해하는 열쇠가 된다.

식민지 혁명은 사회 혁명의 일환으로서, 또한 이것과 나란히 진행되고 있지만, 그것이야말로 20세기 중엽의 세계상(像)이 19세기의 그것과 근본적으로 다른 주요 이유이다. 19세기의 세계 경제는 정연하고 통일된—인공적이지만 능률적인—구조였다. 공업국의 우월성은 확연하게 인정되었으며, 따라서 후진국의 개발은 공업국의 이익에 합치되고 그 요구를 충족시켜 주는 방식과 속도로 진행되었던 것이다. 국제 무역도 공업국의 번영과 강화에 가장 필요한 것이 무엇인가 하는 데 따라서 행해졌다. 완전히 조화된 세계라고 생각되고 있었기 때문에, 선진국과 후진국 사이에 충돌 문제 같은 것은 일어나지도 않았다. 충돌이 일어나도 그것은 두 선진 공업국 사이에 있는 일이며, 식민지 민족은 그 쟁론의 대상은 될지언정 원동력은 아니었다. 오늘의 국제 사회에서 일어나고 있는 거대한 변화는, 지난날의 후진 민족이 더 이상 다른 나라 정책의 수동적 대상이 되지 않고 그 자체가 추진력이 되고 있다는 것이다. 그들은 이제 주도권을 취하여 지난날의 대공업국을 수세로 몰아넣었다. 그들은 평등한 협력이라는 학설의 원칙적 승인을 얻었다. 아직 성취하지 못한 것은 이 학설을 정치적인 면과 한층 더 긴요한 경제적인 면으로 옮겨 놓는 일이다.

이런 면에서는 아직 거의 아무것도 수행되지 않았다. 따라서 시급한 문제는 폭발하기 전에, 그리고 서쪽은 엘베 강으로부터 동쪽은 아시아 동해안에 이르는 가공할 만한 반서양적인 대륙 블록이 생기기 전에, 그것을 성취시킬 수 있느냐 하는 문제이다. 이 문제는 사회 혁명이 제기하고 있는 문제와 많은 유사점을 지니고 있다. 여기서도 역시 큰 위험은 현대 세계에서 거의 통용되지 않고 있는 전통적 관념들을 고집하는 일이다. 확실히 어떤 점에서는 진보가 있었다. 즉, 오늘날에 와서는 아시아와 아프리카의 개발만 하더라도, 그리고 이 두 대륙과 대공업국들 간의 건전한 경제 관계만 하더라도 이것을 어떤 개인적 투자 사업으로 생각할 사람은 없다.

각국 정부가 주도권을 취해야 할 일은 누구나 알고 있는 사실이다. 그러나 아직도 각국의 정부 자체가 말도 안 되는 19세기적 방법으로 각기 자기 나라 경제의 필요에 의해서 후진국의 개발을 조종한다거나, 혹은 최고의 이윤을 얻을 수 있는 토지에 투자를 한다거나 하는 위험한 일이 있는 것은 아닌가? 아시아 식민지 국가들이 더 이상 서양의 경제적 편의를 위하여 봉사할 마음이 없는 것은 확실하다. 그리고 투자가 크게 요구되고 있다고 하는 것조차도 별로 확실치가 않다. 미개발 국가들은 당장 거대한 미개발의 인적 자원을 소유하고 있다. 20세기에 있어서 후진 지역의 공업화의 조건에 관해서 우리는 또한 아직 잘—적어도 충분히—알지 못하고 있다. 기술 원조와 그 경제의 계획화 및 조직화는 대규모의 외자 도입—여기에 여러 가지 단서가 붙어 있을 때는—과 마찬가지로 필요하기도 하며 또한 굉장한 성과를 거둘 수도 있을 것 같다.

현재의 정치적 상황의 한 가지 불행한 결과는 중국이 미국과 영국의 기술 고문의 도움을 요청하지 않을 것 같다는 것이다. 그러나 만일 모든 일이 잘 되었다고만 하면, 그들은 신생 중국의 개발에 주요한 역할을 했을지도 모르며, 그들 자신의 나라들과 중국의 관계를 수립하는 데 지대한 역할을 할 수 있었을지도 모른다. 또 후진국들의 공업화는 이 후진 국가들이 세계의 다른 나라들과의 경제 관계를 고려하지 않는다면 불가능하다. 자급자족과 국내 시장의 근거 위에 훌륭한 중국 경제의 계획을 수립할 수 있을 것으로 생각된다. 그러나 다른 후진국의 경우는 그렇지가 않다. 따라서, 몸부림치는 새로운 경제가 변동이 많고 보호가 없는 국제 시장의 처분에 맡겨진다면 개발은 거의 불가능해질 것이다.

투자·기술 원조·계획적 국민 경제·계획적 국제 무역, 이와 같은 모든 요소는 식민지 혁명이 성공적으로, 그리고 평화적으로 완성되기 위해서는 불가결한 것이다. 성급한 사람은 이 네 가지 요소를 중요한 순서에 따라서 행하려 하겠지만, 이 중의 한 가지나 두 가지만으로 해보려고 하다면 반드시 실패하고 말 것이다.

국제 정치에 있어서 현대의 주요 문제는 사회 혁명이나 식민지 혁명과 밀접한 관계가 있고, 또 국경을 넘어서 번져 나가고 있다. 이 중에서 가장 미묘한 문제는―이는 우리 영국 외교와 크게 관계가 있는 것이다―미국과 유럽 관계의 문제이다. 넓은 대서양이 그 가운데 끼어 있어서 견해의 차이가 많은데, 그 중의 하나는 현재의 사정상 특히 중대하다. 즉, 미국인은 전쟁을 싫어한다고는 하지만 그들은 마치 1930년대의 유럽인들이 제2차 세계대전이 일어나기 전에 내다볼 수 있었던 것처럼 제3차 세계대전이 일어나도 그 후에는 다시 평화가 찾아오리라―아무리 환상이라 해도―고 내다보고 있다.

그러나 오늘날 유럽인들이 알고 있는 것은 제3차 세계대전 후의 유럽에는 이렇다 할 가치가 있는 것은 거의 남지 않는다는, 아니 아무것도 남지 않으리라는 것이다. 그래서 유럽인은 많은 미국인과는 달리 어떻게 제3차 세계대전을 이길 것인가 하는 것에는 관심이 없고, 다만 어떻게 제3차 세계대전을 피할 것인가 하는 문제에 관심을 가지고 있다.

그러므로 새로이 대전이 발생할 경우에 유럽을 휩쓸 운명, 이 운명 때문에 바로 유럽인은 국제 회의에서 동맹국의 군사력에 대한 현실적 혹은 가능적인 기여와는 어울리지 않을 만큼 굉장히 큰 도덕적 발언권을 지니고 있는 것이다. 토인비 교수의 유명한 경구에, '끼어들지 않으면 당하지도 않는다.'는 말이 있다.

 그러나 유럽, 특히 영국은 제3차 세계대전과 불길한 관계를 맺게 될 것으로 보이므로, 부여된 권리를 어떤 의미로 행사해야 좋을 것인가? 우리의 소리를 어떤 의미로 워싱턴과 뉴욕에 전해야 좋을 것인가? 재군비 문제에 대해서 말할 수 있는 것은 대략 다음과 같은 몇 가지 점이다. 즉, 공산주의에 대한 방위에 관해서는 군비 이외에도 다른 중대한 요소가 있으므로 이러한 요소를 무시하는 것은 위험하다. 그러나 우리의 주요한 역할은 미국의 여론과 미국 정부에 대하여, 유럽도 아시아도 19세기적 질서의 관습이나 명령에 복귀할 수는 없다는 것, 그리고 복귀가 불가능한 이상, 유럽과 아시아가 전혀 무력하게 되는 것을 피하려면 사회 혁명과 식민지 혁명이 보여 준 선을 따라서 전진하는 수밖에 없다는 것, 그리고 또 이 전진이야말로 소비에트 세력에 대한 최대의 방벽이라고 하는 것들을 끊임없이 명백히 밝혀 나가야 한다. 유럽의 건전한 경제와 아시아의 참된 독립이 달성된다면 방위의 군사적 임무는 어느 정도 가벼워질 것이다.

이와 반대로 유럽의 사회적 불평등과 대량 실업 등을 방치하고, 아시아의 혁명적인 민족적 이상을 인정하지 않으려 하며, 소비에트측의 선전을 위한 비옥한 터를 제공해 준다면, 결국 군비는 우리 힘에 넘쳐서 벅차게 될 수밖에 없는 것이다. 나는 현재 소비에트 러시아와의 사이에 영구적이고 근본적인 어떤 일치가 생길 참된 가능성이 있다고는 믿지 않는다. 그러나 그만큼 방위에 주의를 해야 하고, 이러한 방위의 군사적 측면이 반드시 가장 긴급하고 또한 중대한 것이 아니라는 점을 인식하는 일이 긴요하다. 아시아의 새로운 세계와 유럽의 낡은 세계의 대부분은 영국이 좀더 선두에 서서 이 몇 가지 점을 충분히 미국 정부에 납득시켜 줄 것을 바라고 있다.

내가 앞의 강연에서 말한 바 있는, 영국 정부의 국내 정치상의 책임과 마찬가지로, 세계에서 영국의 실질적 지위가 과거 2세기를 통하여 어느 때보다도 약해져 있는 오늘날, 영국의 어떤 정부가 이 책임을 진다고 해도 그것은 중대한 책임이다. 그러나 오늘날 세계의 난국은 참으로 심각한 것이니, 용기야말로 최고의 분별이며, 모험이야말로 궁극적인 안전에 대한 최선의 보증이다.

제6강 자유에 이르는 길

 이 마지막 강연에서 할 일은 지난 5주간에 걸쳐서 엮어 온 몇 개의 실 끝을 마무리하여, 어떤 종류의 기본적인 결론을 끌어내는 일이다. 내가 이 강연을 시작할 때 가졌던 희망—우리 시대에서는 쉽사리 실현될 수 있을 것 같지 않은 희망이지만—은 정직하고 솔직한 태도와, 미래에 대한 어느 정도의 합리적인 낙관론을 결합시킬 수 있었으면 하는 것이었다. 파국이 올 가능성을 너무 간과하고 있다고 생각할는지도 모르겠다. 그러나 이 가능성을 머리로는 충분히 알고 있지만, 어느 사회든지 눈앞에 닥쳐올 붕괴에 항상 사로잡혀 있어서는 존립할 수도, 활동할 수도 없다.

 살아갈 수 있다는 가설이 먼저 받아들여지고, 살아갈 수 있다는 이 가능성에 대한 신념이 존재하는 곳에서야, 사회는 그것을 목표로 존립할 수 있고 활동할 수 있을 것이다. 또 우리가 부딪치고 있는 난국에 대하여 내가 충분히 설명을 하지 않았다고 생각할지도 모르겠다. 나로서는 이 난국의 중대성을 부정할 생각은 없다. 내가 부정하고 싶은 것은 예정된 역사의 형태가 있다든가, 또는 우리를 절망으로 몰아넣은 운명이라는 것이 있다든가 하는 것이다.

레닌은 우수한 마르크스주의자로서 역사 속에 있는 결정론적 요소에 대해 확실히 장님은 아니었을 텐데 그도 이렇게 말한 적이 있다. "절대로 빠져나갈 길이 없는 그런 상황은 없다."라고. 나도 현재의 상황에 대하여 자신을 가지고 이렇게 말하고 싶다.

그렇다고 해서 모든 출구가 열려 있다는 의미는 아니다. 자유 의지와 결정론의 딜레마는 논리적으로 피할 도리가 없다. 우리는 자유로우면서도 또한 자유롭지가 않다. 시간이 없기 때문에 출구를 찾아 헤매는 데 시간을 너무 허비하면 우리는 불에 휩싸여 죽을지도 모른다. 내가 이 강연에서 계속해 온 탐구는, 역사를 연구하면 어느 출구는 이용할 수 있는 것이고 또 어느 출구는 이용이 불가능한가 하는 것을 아는 데 도움이 될 것이라는 신념에 입각해 있다.

우리는—전에 쓴 비유이지만—개울 복판에서 위험에 싸여 있다. 지나온 강변에 있는 정박지로부터 우리를 휩쓸어 온 격류가 우리를 심연으로 쓸어 내려가려고 하고 있다. 우리가 이 재난을 피할 수 있는 오직 하나의 길은 전력을 다하여 앞에 보이는 미지의 강변으로 우리의 배를 밀고 나가는 것이다. 만일, 많은 선원이 뒤에 두고 온 강변의 폐허를 바라다보면서 향수에만 젖어 있다면, 배는 제맘대로 움직여서 단 하나의 도피 방법의 전망마저 흐려지고 말 것이다.

 그러므로 나는 제1강에서 말한 '경고'를 다시 되풀이하고 싶다. 즉, 어떠한 역사적 판단도 절대적인 것은 아니라는 것, 그리고 모든 역사적 해석은 부분적으로 역사가 자신이 신봉한 가치에 의존하고 있고, 이 가치는 또 역사가가 살고 있는 시대와 사회가 신봉하는 가치를 반영하고 있다는 것이다. 따라서 공공연히든 은연중이든 역사가는 자기 해석이 기초하고 있는 가치를 분명히 할 책임이 있으므로, 나도 이러한 일을 하고자 한다. 그러나 우선 명백한 한 가지 비판에 대하여 대답부터 해두어야겠다. 역사가가 믿는 가치가 반드시 그가 쓰는 역사에 들어간다고 인정하면 역사의 객관성이 없어지지 않는가, 이와 같은 역사는 역사가의 망상의 반영에 지나지 않는 것이 아닌가 하는 비판이다. 그러나 나는 역사에 있어서 주관적 요소를 부정하는 것은 어리석은 일이며, 또 오해로 인도할 것이라고 생각한다.

제왕신권설(帝王神權說)을 신봉하고 있는 사람—이 신앙은 논할 것이 못 되지만—이라면 과거 150년간을 퇴보의 기간으로 볼 것이다. 그래서 만일, 이 사람이 이 기간을 전문적으로 연구하는 역사가라고 한다면 자기가 지니고 있는 모든 사실을 한데 묶어서 몰락의 형태를 만들어 낼 것이다. 그러나 이것은 역사가 순전히 주관적이라는 것을 뜻하는 것은 아니다. 인생은 이와 같이 반대물의 어느 쪽을 선택한다고 하는 논리적 딜레마를 거부한다. 인간은 자유로운 존재인가, 아니면 결정되어진 존재인가 하는 문제도, 유명한 닭과 달걀의 문제와 마찬가지로, 모순된 두 개의 답이 성립될 수 있으며, 둘 다 똑같이 타당하다. 역사는 주관적인 동시에 객관적인 것이다.

역사가는 말라비틀어진 뼈와 같은 사실을 재료로 삼아 그 자신의 가치 의식에 따라서 그것을 조립하고, 결국엔 산 역사의 골격으로 바꾸어 놓는다. 어떠한 비유를 써도 충분히 적절한 표현은 없을 것이다. 왜냐하면 비유는 과학이나 예술 그 어느 영역에서 취할 수밖에 없는 것이지만, 역사는 본래 과학도 아니고 예술도 아닌, 이 양자의 어떤 요소를 포함하고 있는 하나의 과정이기 때문이다.

그러나 역사에 있어서 주관적 요소를 아무리 강조한다 해도 우리는 객관성을 역사가의 노력의 목표—비록 그가 완전히 이 목표를 달성할 수는 없을지라도—로서 간주한다. 그러면 어떤 의미에서 우리는 역사가가 더 객관적인 것이 될 수 있다고 믿는가? 우선 대중 문명의 발전으로 역사가가 역사 연구에 사용하는 가치가 역사가의 개성을 반영하기보다 그 시대와 사회의 조건을 반영하는 경향이 있는 것 같다는, 다시 말해서 개인적 가치보다도 집단적 가치가 되는 경향이 있다는 말을 자주 한다. 그러나 이러한 변화가 사실이라 할지라도, 나는 집단적 눈으로 본 역사가 반드시 개인의 눈으로 본 역사보다 더 객관적이라고는 믿지 않는다.

다음으로는, 역사가가 사실을 확정하는 데 쓰는 기술이 진보되면—특히 통계적 자료와 방법의 대단한 진보에 의하여—역사는 좀더 객관적이게 될 것이라고 말하는 때가 있다. 오늘의 역사가가 옛날의 역사가보다 풍부한 각종의 자료를 이용하게 된 것을 기쁘게 생각하는 것은 당연하다. 오늘의 역사가는 더 훌륭한 역사를 쓸 수 있을 것이고, 또 그렇게 써야 마땅하다. 그러나 역시 나는 이 기술상의 진보라는 것이 해석의 기능을 역사가 자신이 그것에 가하는 가치로부터 독립시키게 한다고는 믿지 않는다.

셋째로, 나는 역사가가 자신이 맡은 그 일 속에 있는 주관적 요소를 좀더 잘 의식함으로써 자기 자신의 한계와 자기가 하는 일의 성격을 한층 더 잘 알게 되리라고 믿고 싶다. "이론이 없는 역사가는 그 공백을 자기의 편견으로 메운다."라고 핸콕(Keith Hancock, 1898~?, 영국의 역사가) 교수는 말하고 있다. 큰 소리로 공평·중립을 선언하는 역사가야말로 가장 의심스러운 역사가이다. 이와 같이 볼 때 가장 객관적인 역사가란, 자기의 주관적 해석을 마찬가지로 주관적인 다른 역사가의 해석에 의하여 조심스럽게 점검하는 역사가라고 하겠다.

그러나 결국 역사의 객관성이란, 우리가 품고 있는 가치가 진실한 것이라는 신앙으로부터 완전히 떼어 놓을 수 있는 것이라고는 생각하지 않는다. 따라서, 나로서는 이 강연의 주제로 사용하고 또 분명히 내 해석과 결론에 도움을 준 약간의 전제를 다시 검토할 책임을 더욱 느끼게 되는 바이다.

그 첫째 것은 인간사에 있어서의 이성의 역할에 관계되는 것이다. 개인주의적 민주주의로부터 대중 민주주의로의 과도기의 한 요소로서 이성으로부터의 도피를 말하는 중에, 나는 마르크스와 프로이트의 영향에 대해서 언급한 적이 있다. 이 두 사상가는 합리주의자들이었다. 즉 그들은 이성 자체를 왕좌에서 끌어내린 것이 아니라, 18세기와 19세기의 너무 단순한 이성관으로부터 좀더 복잡미묘한 분석으로 나아갈 것을 요구했던 것이다. 오히려 19세기의 다른 사상가들이 이성을 공격하는 데 더 철저했다. 키에르케고르는 그 중에서도 아마 제일인자였을 것이다. 그는 헤겔이 합리적 실재를 높은 지위에 올려세우는 데 반대하여, 인간을 비합리적인 외적 세계 한가운데에 놓인 고독하고 무력한 존재로서 묘사했다. 그런데 키에르케고르의 학설이 공표된 지 한 세기가 지난 후에 돌연히 뒤늦게 인기가 이토록 높아진 것은, 우리가 현대 대중 사회의 모든 문제 중에서도 가장 깊은 것에 관심을 모으고 있다는 증거이다.

도스토예프스키는 전적으로 공리주의자의 합리적 윤리에 공격을 가하여, 이성에 대한 반항을 철학적인 국면에서 윤리와 정치의 국면으로 이끌어 갔다. 공리주의자는 인간이 자기 이익에 대하여 합리적 의식에 호소함으로써 도덕적으로 될 수 있다고 믿고 있었다. 도스토예프스키에게는, 인간은 이성의 폭정에 반항해 온 존재이며, 그 자신이 이익에 역행하려는 충동에 지배되어 온 존재였다. 그래서 합리적 확신은 악에 대한 방벽이

되지 못했던 것이다. 이러한 신앙을 정치적 세계로 옮겨 놓는다면 분명히 정치적 자유와 정치적 민주주의라는 것은 넌센스가 되고 말 것이다.

도스토예프스키의 소설 ≪악령≫에 나오는 한 인물은 "무제한의 자유로 시작하면 무제한의 전제로 끝난다."고 말한다. 이성의 타당성을 부정하는 것은 합리적 토론 후에 다수결로 결정한다는 가설에 입각한 일체의 정치 형태를 거부하는 것이 된다. 도스토예프스키에게는 민주주의란 그 형태 여하를 불문하고 아무런 의미도 타당성도 없는 것이다. 그는 이성에 대한 신앙이 민주주의에 대한 신앙의 필수 조건이라는 것을 가장 훌륭하게 반증해 주고 있다.

키에르케고르나 도스토예프스키는—이 두 사람에 이어서 나온 다른 많은 사람들도 같지만—둘 다 외적 세계와 인간성의 근본적 비합리성이라는 진단으로부터 똑같은 결론을 끌어내었다. 즉, 종교 속으로 뛰어든다는 것이었다. 키에르케고르는 개인의 무력성을 역설하고 개인의 혼과 신과의 신비적 합일을 설파하였는데, 이렇게 함으로써 자율적인 개인은 구해 냈지만, 인간을 신의 무한 속에 빠져들게 하였다.

도스토예프스키가 믿는 바에 의하면, 카톨릭 교회는

이미 이성의 도구, 폭정의 도구가 되고 말았기 때문에 자유와 구제는 오직 그리스 정교회 사회에 들어가 사는 개인에 의해서만 획득될 수가 있으며, 따라서 그리스 정교회와 이것에 근거한 러시아 전제 정치만이 안정되고 질서 있는 사회의 기초라고 보았다.

세 번째의 대사상가 니체는 도스토예프스키와 같은 길을 걸어가다가, 그와 다른 좀더 논리적인 결론에 도달했다. 그는 이성·민주주의·세속적인 도덕, 이러한 것들의 공허성을 폭로했지만, 키에르케고르나 도스토예프스키가 한 것과 같이 종교로 뛰어드는 일도 역시 거부하고 있다. 니체는 이 길을 따라가 드디어 인류 사상사(思想史上) 전무후무한 절대 완전의 허무주의에 도달한 것이다. 인간의 행위는 일체의 합리적 동기만이 아니라 초합리적 동기까지도 빼앗기고 있다. 결국 인간의 행위는 단순히 생물학적인 자기 주장욕의 표현이 되고 있다. 즉 권력을 향한 의지이다.

니체의 초인(超人)은 선악의 피안에 서서 의식적인 궁극 목적을 인정치 않는 완전한 동물이다. 니체는 수단을 목적의 도구로 하고 목적은 수단을 신성화한다고 주장하는 사람들과는 반대의 극에 서 있다. 행위는 목적과 관계없이 그 자체에 있어서 선이라고 그는 믿고 있는 것이다.

니체에게서 가장 많은 것을 배운 정치 사상가는 생디칼리즘의 철학자 소렐(Georges Sorel, 1847~1922, 프랑스의 사회주의자)이다.

소렐은 총파업의 신화라는 것을 그 자체로 하나의 가치라고 역설하여, "운동이 전부이며, 목적은 아무것도 아니다."라고 선언했다. 무솔리니는 스스로 소렐의 제자임을 자칭하였다. 그러나 파시즘도 나치즘도 사실은 니체의 전통은 아니었다. 이러한 사상들이 국가나 민족에 심취하여 그것을 찬미한 일은 니체로서 볼 때는 자유주의적 민주주의라고 하는 부르주아적 이상(理想)과 마찬가지로 야비하고 허위적인 것으로 보였을 것이다.

니체가 중요한 사상가인 것은 그만이 이성에 대한 반항을 궁극의 한계점까지 밀고 나갔기 때문이며, 또 그래서 인간이 이성을 떠나 표류할 경우, 결국에는 스스로 그 본성을 부정하고 자기를 상실하고 만다는 사실을 증명―이것도 반증이다―해 주었기 때문이다. 그러나 오늘날 우리가 이성에 대한 우리의 신앙을 다시 주장한다고 해도 우리는 더이상 19세기에서 받아들였던 것을 그대로 받아들일 수는 없다. 우리는 더이상 헤겔과 더불어 실제와 역사 과정에 내재한 형이상학적 내지 신적(神的) 이성이라는 것을 믿을 수가 없다. 우리는 더이상 인간성 속에 있는 최고의 충동이 모두 이성에서 나온다고 믿을 수가 없다. 특히 이성에의 호소가 늘 정치적·사회적 행위를 결정하는 힘이 되리라는 것은 더더구나 믿을 수가 없다.

우리는 인간 행위의 원천을 깊이 투시해 본 결과, 합리적 동기로서 그 표면에 나타나고 있는 것이 실은 종종 비합리적 충동의 합리화에 지나지 않는다는 것을 인식하게 되었다. 그러나 이와 같은 환멸이나 발견에도 불구하고 우리는 우리의 생활과 사회의 조직적 요인이 되고 있는 이성을 소용없는 것으로 돌려 놓을 수는 없다. 역사가 불가피하게 포함하고 있는 주관적 요소를 우리가 인정하고 받아들일 때 비로소 좀더 객관적인 역사에 이르는 길이 열리게 되는 것과 마찬가지로, 인간 행위 속에 있는 비합리적 요소를 인정하고 받아들이는 것이 바로 좀더 충실하고 좀더 효과적인 이성의 발전을 이룩하는 첫걸음이 되는 것이다.

어떠한 문제이든 그것을 해결하는 데 치명적인 장애가 되는 것은 그 장애의 존재를 무시하거나 부정하는 일이다. 오늘날 효과적인 대중 민주주의의 건설에 있어 가장 중대한 장애가 되고 있는 것은, 현대의 민주적 수속의 대부분이 비합리적 성질을 띠고 있다는 것을 아는 사람들로부터 생기는 것이 아니라, 이 비합리적 성질에 대하여 장님인 사람들로부터 나오고 있다.

거짓된 이성이라는 위선적 위장을 벗겨 버림으로써 비합리적인 것을 폭로하는 것은 유익하고도 필요한 일이다. 그러나 당황하여 이성으로부터 빠져나와 키에르케고르나 도스토예프스키와 같은 반합리주의나 니체와 같은 비합리주의로 뛰어들 필요는 없다. 오히려 거짓된 이성의 비합리성을 폭로하는 것과 같은 일은 비합리적인 것을 이해하고 극복하고자 하는 운동의 본질적인 부분이다.

이성은 불완전한 도구이다. 따라서 그 불완전한 점을 인정하고 연구하는 것이 좋은 일이다. 그러나 우리가 살아 있는 동안에 민주주의를 향해 나갈 것을 바란다고 하면 이성이라는 나침반을 바다 속에 던져 버리는 것은 서툰 짓이다. 사실 나로서는 한 세기 전의 공리주의자들이나 오늘날의 버트란드 러셀(Bertrand Russell, 1872~1970, 영국의 철학자)이 말하고 있는 것과 같은 아름다운 신앙, 즉 이성은 교육의 과정을 통하여 한 세대 내에 인간성을 변화시킬 수 있는 힘이 있다고 하는 신앙을 같이 할 수가 없다.

이성도 다른 훌륭한 것들과 마찬가지로 너무 열성적

인 학자들의 과장된 주장으로 종종 평판이 나빠지는 수가 있다. 그러나 인간성을 형성하고 있는 선악이 두 힘의 상호작용―투쟁이라고 해도 좋다―속에서 이성은 대체로 천사 편에 서는 것을 본다. 따라서 이성이 우리가 생각한 것보다 무력하고 불완전한 것이라는 사실이 드러났기 때문에, 이것을 왕좌로부터 끌어내리고 비합리적인 것의 숭배로 돌아선다고 하면, 그것이 설령 초합리적인 것으로 가장한다 할지라도 우리를 해칠 뿐이라고 생각한다.

그런데 현대의 역사가는 특히 자유라는 관념에 대하여 자기의 태도를 결정할 필요가 있다. 프랑스 혁명이 현대 세계에 끼친 그 엄청난 영향을 이해하기란 오늘날에 있어서는 어려운 일일지도 모른다. 천재 중에서도 가장 근실하고 균형이 잡혔던 괴테가 프랑스 혁명에 대해 한 말을 생각해 보자. "지금 여기에서 세계사의 새로운 시대가 시작되고 있습니다. 그리고 여러분은 바로 거기에 있다고 말해도 좋을 것입니다." 이와 똑같은 감격에 젖어서 헤겔은 역사란, "자유 의식의 진보 이외에 아무것도 아니다."라고 기술했다.

이 위대한 사건이 있은 지 백년 후에 신중한 액튼도 다음과 같이 기술하지 않을 수가 없었다. "그때야 비로소 그들이 구하던 것이 자유였다는 것을 알았다." 이 말에는 다소 과장이 있을지도 모른다. 그러나 원시 기독교와, 어쩌면 영국의 청교도 혁명에서도 약간의 전례(前例)가 보인다고는 해도, 인간 노력의 목표로서의 보편적 자유라고 하는 관념은 프랑스 혁명의 덕택이라고 보는 것이 대체로 온당할 것이다. 그때까지는 자유라고 하는 것은 어떤 사람들이 어떤 일을 하는 자유를 의미했었다. 그러던 것이, 그 이후로는 자유 일반(自由一般) 원칙의 문제로서의 자유, 만인을 위한 자유가 요구되게 되었다. 프랑스 혁명을 이룩해 놓은 사람들은 이것이 무엇을 의미하는지 알지 못했다. 실로, 우리가 그 후 이것을 찾고자 애써 온 것이다.

오늘날 분명해진 사실은, 프랑스 혁명의 결과로 자유의 개념이 두 가지 점에서 변화되었다는 것이다. 우선, 자유가 보편화됨으로써 평등과 결부되었다. 즉, 만인이 자유라면 만인은 평등해야 한다는 것이다. 둘째로, 자유에 실질적인 내용이 주어졌다. 왜냐하면 일단 자유가 자기들의 경제적 복리를 당연시하는 일부 한정된 계급으로부터 그날그날의 빵 문제를 우선적으로 생각하는 서민에게까지 확대되었을 때, 궁핍이라는 경제적 속박에서의 자유가 분명히 국왕이나 폭군의 정치적 속박으로부터의 자유와 마찬가지로 중요성을 띠게 되었기 때문이다.

프랑스 혁명에 이어 나온 세대는 이러한 결론에 반대했다. 혁명이 가져다 준 자유와 평등의 은혜를 입은 것은 제3신분이지 제4신분은 아니었다. 경제 과정에 국가가 간섭할 수 있는 권한을 부정한 새로운 자유주의 학설은 새로운 경제적 자유관을 생각해 내어, 평등을 정치로부터 경제에까지 연장시키려는 제안을 반대했다.

그러나 19세기 중엽 이후에 프랑스 혁명의 의미를 제한하려고 하는 이러한 기도는 새로운 산업 시대와 새로운 대중 문명의 중압으로 무너지고 말았다. 20세기에 들어와서는 자유가 만인을 위한 자유를 의미하고 따라서 평등을 의미한다는 명제, 그리고 자유가 무언가 의미를 갖는다면 그것이 결핍으로부터의 자유를 포함하지 않으면 안 된다는 명제, 이 두 가지 명제에 더 이상 아무도 공공연히 이의를 제기하지 못하게 되었다.

그러나 이와 같은 명제를 정중히 받아들인다고 해서, 반드시 정책면에서도 그것이 적용되는 것을 기꺼이 받아들인다는 것은 아니다. 따라서 우리가 하나의 입장을 취하여 우리의 가치를 규정하지 않으면 안 되는 것은 바로 이 점에 있어서가 아닌가 한다. 만일 다수자의 자유를 희생시켜 소수자의 자유를 확보하는 편이 낫다든가, 혹은 망드빌의 말을 빌려서 많은 사람들을 가난하고 불행하게 하고 사회를 행복하게 하는 편이 낫다든가 하는 주장을 하는 사람이 있다면, 나는 이에 대하여 두 가지 대답을 가지고 있다.

첫째로, 내가 주장할 수 있는 것은, 나의 견해는 가치라고 하는 점에서 그 사람의 견해와 전혀 다르며, 이 점은 타인의 논의를 용납치 않는다는 것이다. 즉 갑(甲)은 소수자의 자유가 적절한 목적이요 목표라고 믿지만, 을(乙)은 그렇게 믿지 않는다고 하는 식이다.

둘째로, 내가 해석하는 바로는 역사의 진로가 이러한 자유관의 실현과는 반대되고 있다고 대답할 수 있다. 즉, 내가 제일 처음의 강연에서 미국의 군주제 옹호론자라고 하는 것을 가정하여 그에 대해서 말한 바와 같이 지금도 소수자의 자유를 옹호하는 사람에 대하여, 과거 150년간의 역사가 그에 대해서 반대하고 있다고 말할 수 있겠다. 그러나 만일 그 사람이 내게 당신의 역사 해석은 자신의 가치를 통해서 나온 것이라고 반박해 온다면 나로서는 더이상 결정적인 대답을 할 없다.

굳이 말하자면 나의 가치가 그 사람의 것보다 더 진실하고 왜곡됨이 적다는 바로 이 이유로 인해서, 나의 역사 해석법이 그 사람의 것보다도 객관적인 것으로 생각된다고 할 수 있을 것 같다. 그러나 이것은 역사의 진로에 의해서 긍정되고 실현된 가치가, 이 진로에 의해서 부정된 가치보다 진실에 가깝다는 말을 뜻하는 것이 되겠다. 따라서 이것은 다시 나로 하여금 역사의 진보에 대한 신앙을 받아들이도록 하는 것이다. 이 점에 대해서는 뒤에 얘기하도록 하겠다.

우리 시대의 자유가 정치적 활동과 정치적 목표라고 하면, 그것은 만인을 위한 자유를 의미하는 것이 아니면 안 된다는 나의 신념을 분명히 했으니, 이제는 그것의 실제적 적용과 장애라는 점을 다루어 보자. 밀의 유명한 공식에는 만인을 위한 자유가 인정되고, 따라서 자유 속에 평등이 포함되었다. 그러나 밀의 자유는 정치적 영역과 지적 영역에만 국한되었다. 즉, 1850년대 말에 그가 유명한 논문을 쓸 때는—뒤에 얼마쯤은 가까워졌다. 하지만—아직 대중 문명이나 경제적인 자유와 평등이라는 문제의 방향으로는 나가지 않았던 것이다. 정치적 영역에 대해서만 말하더라도, 내 자유는 타인의 자유를 구속하지 않는 한도에서만 정당하다고 하는 주장은 절대적 자유에 대하여 밀 자신이 생각하였던 것보다도 훨씬 중대한 조건을 가지고 있는 것이다. 그러나 이것이 정치적 영역을 넘어서면, 그와 같은 조건은 너무도 광범한 것이 되어 우리의 자유 전체를 거의 다시 정의해야 하는 일이 필요하게 된다. 그래서 여기까지 이르면, 만인을 위한 자유라고 하는 학설을 승인한 것처럼 보인 사람들 중에서도 낙오하여, 소수인을 위한 자유라고 하는 학설로 되돌아가는 사람이 나오게 될 것이다. 왜냐하면 만인을 위하여 결핍으로부터의 자유를 조작하는 데 필요한 통제·배급·과세와 같은 부속물이 생기게 되는 것을 생각하면, 그리고 이러한 것들이 귀중한 자유에 부과하는 여러 가지 제한을 생각하면, 이들 중에 새로운 자유는 낡은 자유의 연장이 아니라, 그것의 부정이라고 느끼는 사람이 있다고 해도 이상할 것이 없기 때문이다.

이 문제에 대해서는 지난 수년간 책장을 메울 만큼 많은 책이 쎠어졌다. 오늘날의 신문을 보면, 틀림없이 이와 유사한 논의를 반복하고 있는 논설이나 투서가 눈에 띄고 있다. 우리는 이 딜레마에서 도망칠 수도 없다. 자유의 대가는 자유의 제한이다. 만인을 위한 약간의 자유의 대가는 소수자의 커다란 자유의 제한이다.

나는 이 문제의 의의와 여기에 관련되어 있는 가치의 차이를 경시하려고 생각하지는 않지만, 현대 정치에서

이 통제의 문제에 대해서 말하고 있는 것만큼 넌센스가 많은 것도 없다. 이와 같은 넌센스를 여기서 좀 처리해 버리기로 하자.

나의 소년 시절에는 합승마차나 핸섬마차 또는 자전거로 화이트홀 가(街)까지 가서 그 북쪽 끝에 이르면, 별로 힘 안 들이고 오른쪽으로 돌아서 한 100야드쯤의 거리에 있는 스트란드 가의 차링 크로스 역에서 기차를 탈 수 있었다. 그런데 오늘날엔 버스나 자동차로 화이트홀 가까지 가서 그 북쪽 끝에 이르면 교통 신호 때문에 서서 기다리다가 할 수 없이 트라팔가 광장을 돌게 된다. 또 몇 번이고 교통 신호에 막혀, 서서 기다리다가는 결국 4분의 1마일 이상이나 뛰어다닌 뒤에 겨우 차링 크로스 역에 도착해 보면 기차는 이미 떠난 후이다. 이 얼마나 엄청난 개인의 자유 침해인가! 얼마나 우리가 농노제의 길을 따라왔는가 하는 데에 더이상 분명한 증명이 있을 수 있겠는가? 정말이지 100야드쯤 가서 2분 내에 차링 크로스에 도착할 수 있었던 옛날이 좋았다. 정말이지, 마음대로 식료품점에 들어가서 한 푼만 내면 5파운드의 설탕을 살 수 있었던 옛날이 좋았다.

차이점은, 교통 정리와 같은 것은 정당 정치의 이슈가 결코 되지 않았다는 것이다. 그래서 40년 후인 오늘날, 교통 정리는 논의의 여지가 없는 골동품처럼 고색이 창연해져서 이러한 것을 말하는 것부터가 거의 우스운 일이 되어 버렸다는 점이다. 신호등의 빛에는 몸을 숨길 암시장도 없다. 교통 규칙은 개인에게는 아주 불편한 것이지만, 그것이 간단히 받아들여지고 있는 것은, 교통이 복잡해서 마음놓고 길을 다닐 수 없게 된 도시에서는 교통 규칙을 지키는 것이 교양 있는 사람들의 정상적이고 점잖은 예의가 되기 때문이다.

수요가 공급을 능가할 경우, 그래서 당신이 공평한 마음을 가지고 모든 수요를 대략 평등하게 충족시킬 연구를 하지 않으면 안 될 경우, 여기엔 '줄서기'를 하도록 하는 수밖에 없을 것이다. 식품점 앞에서도 줄을 서야 하고 교통 신호 앞에서도 줄을 서야 한다. 이것은 결핍 상태에 있어서의 조건이다. 교통에 편리한 자동차 전용도로나 입체 교차로를 많이 만들고, 생활 필수품을 산더미처럼 점포에 쌓아 놓을 만한 여유가 생기면 이러한 조건은 극복되는 것이다.

그러나 현재 우리가 살고 있는 이 번잡한 대중 문명에서는, 이와 같은 조건은 면하기 어렵다. 만인을 위한 자유의 깃발을 치켜드는 것은 부족한 물자—이 물자가 식료품이든, 의류이든, 혹은 노상(路上)의 공간이든—

를 질서정연하고 평등하게 분배하도록 하는 데 필요한 통제를 새로운 사회의 정상적이고 점잖은 예의라고 받아들이는 일이다. 이것은 현존하는 모든 통제가 잘 계획되었다거나, 또는 잘 실시되고 있다거나 하는 의미가 아니다. 영국의 교통 통제만 하더라도 그것이 물론 세계 제일이라고는 할 수가 없다. 그러나 원칙상으로 결핍은 늘 통제를 필요로 하는 것이다. 결핍 상태에서는, 평등한 분배를 보장하기 위한 통제는 자유의 부정이 아니라 자유에 이르는 중요한 첫걸음이다. 즉, 물자가 풍부해질 때에야 비로소 완전한 자유가 되는 것이다.

나의 견해로는 이와 같은 분배의 문제는 새로운 사회에 있어서 자유의 큰 문제가 되는 것은 아니라고 본다. 자유의 경제적 조건은 생산의 필요에 따라서 인적·물적 자원을 적절하게 배치함으로써 물자를 풍부하게 하는 데 있다. 그러므로 여기에서도 자유를 통제하는 교통 통제나 교통 신호와 비슷한 것이 나타나게 되겠지만, 그것도 잘 생각해 보면 자유를 향해 나가는 데 있어서 필요한 이정표이다.

자유의 정치적 조건—경제적 조건과 정치적 조건은 사실상 분리될 수가 없다—은 새로운 대중 민주주의에 의하여 만인의, 만인에 의한, 만인을 위한 정치라고 하는 원리를 실현하는 데 있다. 이것은 높은 이상이거니와, 정치는 가능성의 기술(技術)이다. 지상에 황금 시대를 가져오길 바라는 것은 얼마나 어리석은 일인가, 또 얼마나 못된 일이기까지 한가. 이것을 증명하기 위하여 오늘날 많은 책—개중엔 거의 불필요한 것도 있다—이 씌어지고 있다.

어떤 저술가들 사이에는 거의 변태적인 쾌감에 빠져서 원죄라고 하는 사실을 논하는 것이 유행이 되고 있다. 이것은 물론 진리이다. 그러나 확실히 진리의 전부는 아니다. 그리고 또, 진리의 가장 중요하고 가장 의의 있는 부분이 되지 않을지도 모른다. 아무튼 우리도 종종, 인류는 큰 업적을 이룩할 수 있는 힘이 있으며, 또 사실 훌륭한 업적을 이룩해 왔다는 것을 상기할 필요가 있다. 우리가 우리의 목표에 이를 것을 기대한다면 유토피아적인 사람일지도 모른다. 그러나 만일 우리가 우리의 진로를 정하게 될 목표를 앞날에 갖지 않는다면, 그리고 또 도중에 부딪치는 난관과 장애에 겁을 먹고 뒷걸음질을 친다면 우리는 반드시 실패하고 말 것이다.

프랑스 혁명은 그 기원이나 명칭이 프랑스이지만, 유럽이 아직 세계를 지배하고 있던 시대에 유럽에서 일어난 사건이었다. 오늘날의 혁명은 확실히 그 이상의 세계적인 사건으로서, 그 장래는 한 나라의 운명에만 관계된 것이 아니다.

이 강연에서 나는 회고와 전망을 해가며 우리가 그 속에 살고 있는 혁명의 진로를 그려 보았다. 우리는 오늘날, 곳곳에서 이 혁명의 움직임을 보고 있다. 유럽에서도 보고, 아시아—현재는 특히 아시아에서 더욱—에서도 본다. 그리고 아프리카에서도, 또 남북 아메리카에서도 보고 있다. 때로는 맹렬하고 난폭한 형태로, 또 때로는 평온한 표면 밑에 어렴풋이 반은 가려진 형태로 혁명의 움직임은 계속되고 있다. 우리는 이 혁명을 피할 수가 없다. 우리가 할 수 있는 것은 그것을 이해하고 대처해 나가는 것뿐이다.

그러나 당연한 일이겠지만, 나에게는 영국과 서구의 운명, 그리고 이 나라들에 대한 세계적 혁명의 의미가 특별한 관심사가 되고 있다. 그런데 여기에서 우리는 유쾌하지 못한 징후를 보게 된다. 서구는 제1차 세계대전 때에는 그 중요한 중심이 되었고, 제2차 세계대전 중에는 그 중요한 중심의 하나였는데, 이 두 차례의 세계대전은 이곳에 물질적 소모와 정신적 퇴폐를 빚어내고야 말았다. 현재의 물질적 궁핍과 미래의 위난(危難)에 대한 불안이 현재 영국과 서구에 널리 퍼지고 있는 역사 몰락설과 역사 심판설, 그리고 순수 지식의 상아탑으로의 도피 속에 나타나고 있다.

여기에는 두 가지 요인이 작용하고 있다. 첫째 요인은, 제1차 세계대전 후 독일에서 슈펭글러의 ≪서양의 몰락≫이 대유행을 일으킨 원인과 같은 것이다. 독일이 열강의 대열에서 지위를 상실했다는 기분, 이 기분이 두 차례의 세계대전 사이에 서구의 국가들에 퍼지기 시작하였으며, 제2차 세계대전 후에는 뿌리를 굳히게 된 것이다. 세계의 중심이 다른 대륙으로 넘어갔다는 것이 일반적인 몰락의 신앙으로 되었다. 특히 영국에서는 그 패권의 종말과 다가오는 문명의 종말을 같이 보려는 유혹이 점점 더 걷잡을 수 없게 되었다. 거의 아무런 문제가 없던 19세기의 영국의 패권은, 이 국민이 원기와 진취적 기상을 가지고 호기(好機)를 놓치지 않은 결과였다.

결국 영국이 산업혁명으로 알려진 복잡한 발전 과정에서 다른 나라에 앞서 출발을 했기 때문이었다. 그것은 하나의 우연이었으므로, 그 결과가 영원히 계속될 수는 없었다. 그리하여 20세기 초에 와서는 독일과 미국이 선두를 달리던 영국을 앞지르게 되었다.

제1차 세계대전 후, 세계 경제와 세계 금융 조직은 여전히 식민지를 영유하는 공업국과 종속적인 식민지 민족과의 국제적 분업을 기초로 하고 있었기 때문에 허물어지고 말았다. 제2차 세계대전 후에 영국은—세계의 거의 모든 나라와 마찬가지로—미국의 가난한 채무국이 되었다. 세계 다른 나라들의 상황이 어떠하든, 그리고 문명 일반의 전망이 어떠하든 간에, 이처럼 궁핍해진 영국의 상태와 경제적 패권으로부터 경제적 의존으로 전락했다는 심정이 과거의 황금 시대를 회고하는 경향을 자극시키고, 장래의 가능성에 대한 비관적 평가를 조장시키게 된 것이다.

비관적인 견해를 퍼뜨리게 된 두 번째 요인은 국내적인 것이었다. 오늘날 영국의 국민 생활의 어느 분야를 놓고 보더라도, 지배적 그룹의 대부분은 아직도 1914년 이전의 영국의 번영과 세력으로부터 크게 혜택을 받은 계급의 출생이거나, 또는 그 양자(養子)들이다. 그러므로 그들은 전체로서의 영국의 세력과 번영뿐만이 아니라, 국내에서의 자기들 계급의 세력과 번영이 한꺼번에 몰락해 가는 인상을 받고 있다.

1914년 이전에 사회적 단결과 사회적 안정을 위하여, 영국의 지배 계급이 다른 그룹에 양보를 했던 것은 생활 수준이 향상되는 데서 이루어졌던 것이다. 이 양보는 자연적 증가의 삭감이라는 희생을 치르고 이루어졌던 것이므로—아주 소수의 극히 특권적인 그룹을 제외하면—사실상의 몰락이라는 희생을 당한 것은 없었다. 그런데 지난 30년 동안에 정세는 급속히 변화되어 갔다.

영국의 세력과 번영이 몰락함과 더불어, 군비와 사회 봉사의 대가는 대부분의 지배 계급의 생활 수준을 점차적으로 떨어뜨리게 되었다. 여기에 현대의 문제들에 대한 영국의 태도에서 보이는 비관적이고 숙명론적인 기분의 이중적인 이유가 있다. 즉, 그 하나는 영국의 세력과 번영의 몰락, 또 하나는 영국 사회 내에서 정책과 여론을 결정하는 데 가장 큰 힘을 지닌 그룹의 세력과 번영의 몰락이다.

어떤 제도하에서 번영을 누려 오고, 그 제도의 기초가 되는 신앙을 영원히 타당한 것으로 배워 온 그룹이나 개인으로서는, 이 제도도 영구히 사라져 버리고 이 신앙도 제도를 받쳐 주고 있는 이해 관계의 반영 내지 표현에 지나지 않는다고 하는 것이 판명된 세계에 그들 자신을 다시 적응시켜 간다는 것은, 아무리 생각해도 매우 곤란한 일이다. 예전에 나에게 백부가 한 분 계셨는데, 이분은 주위 사람들에게 세상이 갑작스럽게 나빠지고 있다고 말씀하시며 그의 만년을 지내셨다. 그러나 그분은 천성이 명랑한 분이어서, 한바탕 한탄을 한 후에는 늘 "이왕 수채에 빠질 바에야 모자까지 쓰고 빠지자."라는 똑같은 격언을 쓰셨다. 오늘날 이 나라에는 수채에 빠져 들어가는 것을 걱정하기보다도 모자가 바람에 불려 날아갈까 봐 걱정하는 노신사들—개중엔 그리 늙지 않은 사람들도 있으며, 또 요직에 앉아 있는 사람들도 있다—이 많이 있다.

전통을 소중히 여기는 그 자체는 좋으나, 전통 때문에 질식하면 끝장이다. 뒤에 두고 온 강변의 폐허에 향수를 느끼는 것은 자연스러운 일이며, 용서할 수 있는 인간의 상정이다. 그러나 거기에 빠져 헤어나지 못하는 것은 정치적으로 치명상이 되기 쉬운 일이다.

여기서 내가 발견하고 싶은 것은 역사 법칙이라고 부르는 바가 아닌, 보통 역사 현상의 설명이다. 혁명이라고 하면 폭력에 의한, 혹은 폭력을 수반하는 동란이 있지만, 이 말을 여기에 국한시키지 말자. 아무튼 우리가 혁명이라고 부르는 강력하고 결정적인 역사적 동란은 흔히 권력과 주도권을 한 나라로부터 다른 나라로 옮겨 놓기 때문에, 역사상의 시기가 차차 변하면 같은 나라가 같은 역할을 다하지 못하는 것처럼 보이게 되는 것이다. 그런데 만일 이것이 사실이라면, 그 이유는 유력한 지배적 그룹을 설득하여 지배권을 장악하고 있던 때의 특권과, 한 시기로부터 다음 시기로의 혁명적 전환을 장악하고 있던 때의 특권을 버리도록 하고, 다음 시기로의 혁명적 전환 과정에 적응시키도록 하는 것이 곤란하다고 하는 점에 있다고 생각한다. 그러나 이 나라에 사는 우리가 이와 똑같은 경험을 당하지 않으면 안 된다는 내재적 이유 같은 것은 없다.

사실 외부적인 이유로 보아서, 영국이 19세기에 가졌던 세계적 패권을 회복하는 것은 불가능하다고 생각한다. 그러나 현존하는 지배적 그룹이 지금 진행중에 있는 혁명적 변화에 적응할 수 있게 되거나, 또는 다른 계급에게 자리를 양보할 수 있게 된다면, 이미 그 윤곽이 드러나기 시작한 새로운 사회를 향한 전진을 방해할 중요한 장애는 없는 것이다. 그러나 여기서는 싫든 좋든 우리가 시작한 혁명을 받아들여 완성할 의무를 지지 않으면 안 된다. 근본적 혁신이라는 관념이 우리의 안색을 창백하게 한 것은 오직 근년에 와서의 일일 뿐이다.

건전한 보수주의자 버크(Edmund Burke, 1729~97, 영국의 사상가·정치가)는 "지축을 흔드는 대변동이 일어나지 않는 이상, 유럽 국가들이 이전의 그 훌륭했던 자유를 되찾을 수는 없을 것이다."고 기록한 바 있다. 또한 액튼도 결코 급진적인 사람은 아니었지만, 혁명은 '현대적인 진보의 방법'이며, 그 기능은 '과거를 떨쳐 버리고', '세계를 죽은 자의 지배로부터 구출하는 것'이라고 말했다. 좌익도 검시를 해보면, 그의 가슴에 '안전 제일'이라고 새겨 놓고 죽었다는 형편에 있는 오늘날의 영국보다도, 우익에서까지 혁명에 이해를 가졌던 옛날의 영국이 더 좋았을 것도 같다.

현재 영국 앞에는 대략 세 가지의 가능성이 놓여 있다. 첫째는 불의의 재난, 둘째는 일찍이 비잔틴 문명이나 스페인 문명에 내습한 것과 같은 점차적인 정체(停滯)와 몰락, 그리고 셋째는 새로운 역사 시대의 요구와 조건에 대한 재적응이다. 한 가지 우리가 할 수 없는 것은, 우리가 출발해 온 저편 강변으로 되돌아가는 일이다. 재난은 우리로서 어떻게 할 수 없는 사건을 통하여 우리에게 내려 덮칠 수도 있다. 그러나 태풍이 일어날 판인데, 배의 조종을 아무렇게나 한다든가 하는 것은 말이 안 된다. 대담하게 앞을 헤쳐 나가면 난관을 모면할 좋은 기회가 아직도 우리에겐 있다.

이제 이와 같은 이야기는 나를 출발점으로 다시 돌아가게 한다. 즉, 프랑스 혁명—18세기 말에 세계의 모습을 바꾸어 놓은 다른 대사건들도 함께—이래의 150년간을 전진의 시대로 볼 것인가, 몰락의 시대로 볼 것인가 하는 것이다.

이 강연에서나 또 다른 데서나, 나는 종종 19세기적 질서에 대하여 냉혹한 말을 해왔는데, 여기서는 완전히 태도를 바꾸고 싶다. 우리는 아직도 너무 빅토리아 시대와 가까운 데에 있어서, 그 얼굴의 티까지도 분명히 볼 수 있을 정도이다. 그러나 빅토리아 시대는 주로 영국의 업적에 의하여, 장차 역사상의 위대한 시기의 하나로 손꼽힐 것임을 의심치 않는다.

또 19세기의 업적이 자기 모순적인 클라이맥스, 즉 인류의 활동이 완전히 정지되기에 이른 종점을 나타내고 있다고도 믿지 않는다. 미래는 이러한 업적을 기초로 하여, 그 위에 또 새로운 업적을 쌓아 나갈 것이라고 나는 믿는다. 그러나 이것이 바로 일어날 것인가, 어느 기간 중단되었다가 일어날 것인가, 혹은 19세기의 위대한 업적을 위하여 가장 적극적으로 활동한 민족이 다음번 전진에 있어서도 지도자가 될 것인가 아닌가 하는 것은 내가 추측할 수 있는 일이 아니다.

그러나 비록 내 나라, 내 그룹이 앞으로의 전진에 한 몫 낄 수 있는가 하는 능력에 대해서 내가 절망하지 않을 수 없다 하더라도, 또 내가 그것들을 뒤에 있는 강변에 남겨 놓은 장엄한 유적에 불과한 것으로 생각하지 않을 수 없다 하더라도, 이것은 역사 과정이 종말에 이르렀다는 믿지 못할 결론을 지지해 줄 만큼 충분한 증거는 되지 않는다고 본다. 경주는 주자 중에서 낙오자가 생긴다고 해서 중지되는 것이 아니다.

어느 의미에서 내가 역사의 진보라고 하는, 시대에 뒤떨어지고 폐기된, 신용치 않는 신앙에 매어 있음을 볼 것이다. 그럼 어떤 의미에서 그런가를 분명히 하려 한다. 나는 결코 19세기풍의 의미에서 진보를 믿고 있는 것은 아니다. 나는 과학의 법칙과 유사한 역사의 법칙이 있어서, 인간사는 이에 순응하여 계속 일정한 규칙적 과정을 통해서 더 높은 어떤 조건을 향해 나아가고 있다고, 또 법칙에 따라서 차례로 혹은 교대로 전진하고 몰락한다고 믿지 않는다.

마찬가지로 나는 역사의 과정을 통하여 신의 섭리가 작용해서, 인간의 선행에 대해선 상을 주고 죄에 대해선 벌을 내리고 있다고도 믿지 않고, 진보의 어떤 객관적 정의를 제공하겠노라고 공언하지도 않는다. 진보란, 문자 그대로 움직여 나아가는 것이다. 인간이 믿을 만하고 노력할 만한 가치가 있다고 생각하는 목적을 향해 의식적으로 움직여 나아가는 것이다. 이러한 목적과 그것에 의하여 자극된 활동에는 인간의 모든 목적이나 활동과 마찬가지로 선과 악이 여러 가지 비례로 서로 섞여 있다.

어떤 그룹이나 어떤 세대의 목적과 활동은, 그 당대의 사람들이나 후대 사람들에 의하여 취사선택되고 시험되며, 수용되고 또 배척된다. 그러나 인간의 선이 악에 대항하는 힘을 가지고 있어서 단순히 배를 띄워 항해시킬 뿐만 아니라, 목적지나 사명 의식을 지니고 있다고 믿지 않는다면—이러한 신앙이 어떤 종교나 비종교적 신념에 의하여 지배되고 있든 말든 관계없이—진보란 분명히 무의미한 것이다.

확실히 진보의 가설이 없이는 역사도 없다. 인간이 역사 속에 출현하는 것은 그가 과거를 가지고 있다는 것을 스스로 인식하게 되고, 그래서 과거의 업적을 미래의 업적을 위한 출발점으로서 의식적으로 이용할 때인 것이다. 비역사적 민족이란 이상이 없는 민족이요, 앞을 내다보지 않기 때문에 과거도 돌아보지 않는 민족이다. 미래에 대한 신앙이 바로 과거에 대한 뜻있는 관심의 조건이 되는 것이다.

그러나 나에게 진보의 내용을 규정하라고 한다면, 나는 진부한 낱말일지는 모르나 역시 '자유'라는 말로 돌아가지 않을 수 없다. 또 나에게 현재 우리가 움직여 나가려고 하는 목표를 규정하라고 한다면, 나는 근대의 위대한 업적이었던 '소수자를 위한 자유'와 대조를 이루는 '만인을 위한 자유' 내지 '다수자를 위한 자유'라고 말하지 않을 수가 없다. 그리고 나에게 이 자유를 규정하라고 한다면, 나는 베르자예프(Nikolai Berdyaev, 1874~1948, 러시아의 철학자)의 정의—사실, 이것은 전혀 새로운 것이 아니다—보다 더 낫게 정의할 수 있다고 생각지 않는다. 그는 자유를 '창조적 활동을 위한 기회'라고 정의했다. 이 정의 속에는 자유를 '필연성의 승인'으로 보는, 낡고 소극적인 정의도 포함되어 있다. 왜냐하면 창조적 활동은 그것이 추구될 때의 조건의 이해를 포함하고 있기 때문이다.

정치의 세계—오늘날, 정치적이 아닌 것이 있을까마는—는 역사의 세계이다. 역사가 보여 주는 조건이나 가능성에 대한 지식이 없이는 가치 있는 정치 활동을 할 수가 없다. 역사 없이는 자유도 없다. 반대로 또 자유 없이는 역사도 없는 것이다.

이 강연에서 나는 과거와 미래, 객관성과 주관성, 결정과 자유, 이 양자의 상호작용의 과정을 보이고자 했다. 나는 이와 같은 것들이 역사의 본질적 요소, 자유의 본질적 요소가 된다고 믿는다. 또한 나는, 그로부터 우리가 과학자에게서 기대하는 것과 같은 절대불변의 판단이 아니라 역사와 정치의 연구에 속하는 비판적 통찰을 어떻게 끌어낼 수 있는가를 보이고자 했다. 그런데 끊임없이 다른 사람들의 통찰에 수정을 가하려고 하는 이 비판적 통찰은 역시 그 자체도 끊임없는 비판과 수정을 받게 되어 있는 것이다. 역사에 있어서 유일한 절대자는 변화이다. 오늘날 우리 눈앞에서 끊임없이 변형되어 가고 있는 세계, 이같은 세계에서 우리가 살고 있다는 것은 누구도 의심치 못할 것이다.

나는 제1의 강연에서 토크빌의 말을 인용하여 이 강연 전체의 모토로 삼고, 그 뒤에도 한 번 이상 그리로 다시 돌아갔었지만, 여기서 또 한 번 그의 말을 인용하고 싶다.

"새로운 세계에는 새로운 정치학이 필요하다." "우리가 이미 떠나온 강변에, 아직도 보일지도 모르는 폐허에 눈을 팔고 있는 동안에, 격류는 우리를…… 심연으로 휩쓸어 가고 있다."

그러므로, 만일 우리가 이 나라에서 이론상으로나 실제상으로 이 새로운 과학의 완성에 기여하지 못한다면 그야말로 유감천만한 일이라고 생각한다.

해 설

박 상 규

E. H. 카의 생애

E.H. 카(1892~1982)는 영국의 유명한 정치학자이다. 명문 케임브리지 대학을 졸업하고 외무성에서 외교관으로 근무하였으며, 파리 평화 회의를 비롯한 수많은 국제회의에 참석했다. 1947년까지 웨일스 대학 국제 정치학 교수로 있었다. 〈런던 타임스〉의 논설위원을 거쳐 1948년에 UN 세계 인권선언 기초 위원회의 위원장 직을 맡아 보았다. 국제 정치의 이론과 실제를 교묘하게 종합 분석한 그의 학식과 진보 사상은 여러 방면에 영향을 주었다.

≪새로운 사회≫에 대하여

이 책은 Edward Hallet Carr, ≪The New Society≫(1951, 119p.)를 번역한 것이다. 이 ≪새로운 사회≫는 카가 BBC, 즉 영국 방송 협회의 제3방송에서 시도한 연속 강연을 내용으로 하고 있다. 매주 1회씩 6주간에 걸쳐 행한 것 같다.

우리는 새로운 사회의 입구에 서 있다고 카는 말한다. 새로운 사회란 말할 필요도 없이 이상 사회이다. 프랑스 혁명 후에 여러 조건의 발전과 변화가 물러서기 어려운 이 지점에까지 우리를 끌고 왔다. 단단히 마음 먹고 들어가지 않으면 우리는 멸망할 수밖에 없다. 이것은 카의 나라 영국뿐만 아니라 우리 한국에도 들어맞는 말이며, 나아가 미국에도 들어맞는 말이다. 그것을 카는 명백히 하고 있다. 카의 얘기는 실로 다방면에 걸쳐 있다. 그것은 물론 여러 조건이 얽히고 섥혀 있는 탓이기도 하겠지만, 그것을 하나하나 더듬어 갈 수 있는 카의 박학이 실로 부러울 뿐이다.

끝으로 ≪새로운 사회≫ 이외에, 카의 저서 몇 가지를 소개한다.

≪A History of Soviet Russia≫
≪International Relations between the Two World Wars≫(1919~1939)
≪Nationalism and After≫
≪The Twenty Years' Crisis≫(1919~1939)
≪What is History?(歷史란 무엇인가)≫
≪1917 : Before After≫

옮긴이 약력

연세대학교 철학과 졸업
연세대학교 대학원 수료
연세대학교 강사

역　서
J.J. 루소 《사회계약론》
J.J. 루소 《인간불평등 기원론》
B.B.C. 편 《인생이란 무엇인가》

새로운 사회　　〈서문문고023〉

초판 발행 / 1972년 4월 25일
개정판 발행 / 1996년 8월 10일
글쓴이 / E. H. 카아
옮긴이 / 박 상 규
펴낸이 / 최 석 로
펴낸곳 / 서 문 당
주소 / 서울시 마포구 성산1동 20-12호
전화 / 322-4916~8 팩스 / 322-9154
등록일자 / 1973. 10. 10
등록번호 / 제13-16

* 잘못된 책은 바꾸어 드립니다

서문문고 목록

001~303
◆ 번호 1의 단위는 국학
◆ 번호 홀수는 명저
◆ 번호 짝수는 문학

001 한국회화소사 / 이동주
002 황야의 늑대 / 헤세
003 고독한 산책자의 몽상 / 루소
004 멋진 신세계 / 헉슬리
005 20세기의 의미 / 보울딩
006 가난한 사람들 / 도스토예프스키
007 실존철학이란 무엇인가 / 볼노브
008 주홍글씨 / 호돈
009 영문학사 / 에반스
010 쯔바이크 단편집 / 쯔바이크
011 한국 사상사 / 박종홍
012 플로베르 단편집 / 플로베르
013 엘리에트 문학론 / 엘리에트
014 모옴 단편집 / 서머셋 모옴
015 몽테뉴수상록 / 몽테뉴
016 헤밍웨이 단편집 / E. 헤밍웨이
017 나의 세계관 / 아인스타인
018 춘희 / 뒤마피스
019 불교의 진리 / 버트
020 뷔뷔 드 몽빠르나스 / 루이 필립
021 한국의 신화 / 이어령
022 몰리에르 희곡집 / 몰리에르
023 새로운 사회 / 카아
024 체호프 단편집 / 체호프
025 서구의 정신 / 시그프리드
026 대학 시절 / 슈토롬
027 태초에 행동이 있었다 / 모로아
028 젊은 미망인 / 쉬니츨러
029 미국 문학사 / 스필러
030 타이스 / 아나톨프랑스
031 한국의 민담 / 임동권
032 비계 덩어리 / 모파상
033 은자의 황혼 / 페스탈로치
034 토마스만 단편집 / 토마스만
035 독서술 / 에밀파게
036 보물섬 / 스티븐슨
037 일본제국 흥망사 / 라이샤워
038 카프카 단편집 / 카프카
039 이십세기 철학 / 화이트
040 지성과 사랑 / 헤세
041 한국 장신구사 / 황호근
042 영혼의 푸른 상흔 / 사강
043 러셀과의 대화 / 러셀
044 사랑의 풍토 / 모로아
045 문학의 이해 / 이상섭
046 스탕달 단편집 / 스탕달
047 그리스．로마신화 / 벌핀치
048 육체의 악마 / 라디게
049 베이컨 수상록 / 베이컨
050 미뇽레스코 / 아베프레보
051 한국 속담집 / 한국민속학회
052 정의의 사람들 / A. 까뮈
053 프랭클린 자서전 / 프랭클린
054 투르게네프단편집 / 투르게네프
055 삼국지 (1) / 김광주 역
056 삼국지 (2) / 김광주 역
057 삼국지 (3) / 김광주 역
058 삼국지 (4) / 김광주 역
059 삼국지 (5) / 김광주 역
060 삼국지 (6) / 김광주 역
061 한국 세시풍속 / 임동권
062 노천명 시집 / 노천명
063 인간의 이모저모 / 라 브뤼에르
064 소월 시집 / 김정식
065 서유기 (1) / 우현민 역
066 서유기 (2) / 우현민 역
067 서유기 (3) / 우현민 역
068 서유기 (4) / 우현민 역
069 서유기 (5) / 우현민 역
070 서유기 (6) / 우현민 역
071 한국 고대사회와 그 문화
　　/ 이병도
072 피서지에서 생긴일 / 슬론 윌슨

| 서문문고목록 2 |

073 마하트마 간디전 / 로망롤랑
074 투명인간 / 웰즈
075 수호지 (1) / 김광주 역
076 수호지 (2) / 김광주 역
077 수호지 (3) / 김광주 역
078 수호지 (4) / 김광주 역
079 수호지 (5) / 김광주 역
080 수호지 (6) / 김광주 역
081 근대 한국 경제사 / 최호진
082 사랑은 죽음보다 / 모파상
083 퇴계의 생애와 학문 / 이상은
084 사랑의 승리 / 모옴
085 백범일지 / 김구
086 결혼의 생태 / 펄벅
087 사양 고사 일화 / 홍윤기
088 대위의 딸 / 푸시킨
089 독일사 (상) / 텐브록
090 독일사 (하) / 텐브록
091 한국의 수수께끼 / 최상수
092 결혼의 행복 / 톨스토이
093 율곡의 생애와 사상 / 이병도
094 나심 / 보들레르
095 에머슨 수상록 / 에머슨
096 소아나의 이단자 / 하우프트만
097 숲속의 생활 / 소로우
098 마을의 로미오와 줄리엣 / 켈러
099 참회록 / 톨스토이
100 한국 판소리 전집 / 신재효, 강한영
101 한국의 사상 / 최창규
102 결산 / 하인리히 빌
103 대학의 이념 / 야스퍼스
104 무덤없는 주검 / 사르트르
105 손자 병법 / 우현민 역주
106 바이런 시집 / 바이런
107 종교록·국민교육론 / 톨스토이
108 더러운 손 / 사르트르
109 신역 맹자 (상) / 이민수 역주
110 신역 맹자 (하) / 이민수 역주
111 한국 기술 교육사 / 이원호
112 가시 돋힌 백합/ 어스킨콜드웰
113 나의 연극 교실 / 김경옥
114 목녀의 로맨스 / 하디
115 세계발행금지도서100선 / 안춘근
116 춘향전 / 이민수 역주
117 형이상학이란 무엇인가 / 하이데거
118 어머니의 비밀 / 모파상
119 프랑스 문학의 이해 / 송면
120 사랑의 핵심 / 그린
121 한국 근대문학 사상 / 김윤식
122 어느 여인의 경우 / 콜드웰
123 현대문학의 지표 외/ 사르트르
124 무서운 아이들 / 장콕토
125 대학·중용 / 권태익
126 사씨 남정기 / 김만중
127 행복은 지금도 가능한가 / B. 러셀
128 검찰관 / 고골리
129 현대 중국 문학사 / 윤영춘
130 펄벅 단편 10선 / 펄벅
131 한국 화폐 소사 / 최호진
132 사형수 최후의 날 / 위고
133 사르트르 평전 / 프랑시스 장송
134 독일인의 사랑 / 막스 뮐러
135 사서삼경 입문 / 이민수
136 로미오와 줄리엣 / 셰익스피어
137 햄릿 / 셰익스피어
138 오델로 / 셰익스피어
139 리어왕 / 셰익스피어
140 맥베스 / 셰익스피어
141 한국 고사조 500선/강한영 편
142 오색의 베일 /서머셋 모옴
143 인간 소송 / P.H. 시몽
144 불의 강 외 1편 / 모리악
145 논어 /남만성 역주
146 한여름밤의 꿈 / 셰익스피어
147 베니스의 상인 / 셰익스피어
148 태풍 / 셰익스피어
149 말괄량이 길들이기/셰익스피어

150 뜻대로 하셔요 / 셰익스피어
151 한국의 기후와 식생 / 차종환
152 공원묘지 / 이블린
153 중국 회화 소사 / 허영환
154 데미안 / 헤세
155 신역 서경 / 이민수 역주
156 임어당 에세이선 / 임어당
157 신정치행태론 / D.E.버틀러
158 영국사 (상) / 모로아
159 영국사 (중) / 모로아
160 영국사 (하) / 모로아
161 한국의 고기담 / 박용구
162 윤손 단편 선집 / 윤손
163 권력론 / 러셀
164 군도 / 실러
165 신역 주역 / 이기석
166 한국 한문소설선 / 이민수 역주
167 동의수세보원 / 이제마
168 좁은 문 / A. 지드
169 미국의 도전 (상) / 시라이버
170 미국의 도전 (하) / 시라이버
171 한국의 지혜 / 김덕형
172 감정의 혼란 / 쯔바이크
173 동학 백년사 / B. 웜스
174 성 도밍고성의 약혼 / 클라이스트
175 신역 시경 (상) / 신석초
176 신역 시경 (하) / 신석초
177 베를렌느 시집 / 베를렌느
178 미시시피씨의 결혼 / 뒤렌마트
179 인간이란 무엇인가 / 프랭클
180 구운몽 / 김만중
181 한국 고시조사 / 박을수
182 어른을 위한 동화집 / 김요섭
183 한국 위기(圍棋)사 / 김용국
184 숲속의 오솔길 / A.시티프터
185 미학사 / 에밀 우티쯔
186 한중록 / 혜경궁 홍씨
187 이백 시선집 / 신석초
188 민중들 반란을 연습하다
   / 귄터 그라스
189 축혼가 (상) / 샤르돈느
190 축혼가 (하) / 샤르돈느
191 한국독립운동지혈사(상)
   / 박은식
192 한국독립운동지혈사(하)
   / 박은식
193 항일 민족시집/안중근외 50인
194 대한민국 임시정부사 / 이강훈
195 항일운동가의 일기/장지연 외
196 독립운동가 30인전 / 이민수
197 무장 독립 운동사 / 이강훈
198 일제하의 명논설집/안창호 외
199 항일선언·창의문집 / 김구 외
200 한말 우국 명상소문집/최창규
201 한국 개항사 / 김용욱
202 전원 교향악 외 / A. 지드
203 직업으로서의 학문 외
   / M. 베버
204 나도향 단편선 / 나빈
205 윤봉길 전 / 이민수
206 다니엘라 (외) / L. 린저
207 이성과 실존 / 야스퍼스
208 노인과 바다 / E. 헤밍웨이
209 골짜기의 백합 (상) / 발자크
210 골짜기의 백합 (하) / 발자크
211 한국 민속약 / 이선우
212 젊은 베르테르의 슬픔 / 괴테
213 한문 해석 입문 / 김종권
214 상록수 / 심훈
215 채근담 강의 / 홍응명
216 하디 단편선집 / T. 하디
217 이상 시전집 / 김해경
218 고요한물방아간이야기
   / H. 주더만
219 제주도 신화 / 현용준
220 제주도 전설 / 현용준
221 한국 현대사의 이해 / 이현희
222 부와 빈 / E. 헤밍웨이
223 막스 베버 / 황산덕
224 적도 / 현진건

서문문고목록 4

225 민족주의와 국제체제 / 힌슬리
226 이상 단편집 / 김해경
227 심락신강 / 강무학 역주
228 굿바이 미스터 칩스 (외) / 힐튼
229 도연명 시전집 (상) / 우현민 역주
230 도연명 시전집 (하) / 우현민 역주
231 한국 현대 문학사 (상) / 전규태
232 한국 현대 문학사 (하) / 전규태
233 말테의 수기 / R.H. 릴케
234 박경리 단편선 / 박경리
235 대학과 학문 / 최호진
236 김유정 단편선 / 김유정
237 고려 인물 열전 / 이민수 역주
238 에밀리 디킨슨 시선 / 디킨슨
239 역사와 문명 / 스트로스
240 인형의 집 / 입센
241 한국 골동 입문 / 유병서
242 토마스 울프 단편선 / 토마스 울프
243 철학자들과의 대화 / 김준섭
244 파리시절의 릴케 / 버틀러
245 변증법이란 무엇인가 / 하이스
246 한용운 시전집 / 한용운
247 중론송 / 나아가르쥬나
248 알퐁스도데 단편선 / 알퐁스 도데
249 엘리트와 사회 / 보트모어
250 O. 헨리 단편선 / O. 헨리
251 한국 고전문학사 / 전규태
252 정을병 단편집 / 정을병
253 악의 꽃들 / 보들레르
254 포우 걸작 단편선 / 포우
255 양명학이란 무엇인가 / 이민수
256 이육사 시문집 / 이원록
257 고시 십구수 연구 / 이계주
258 안도라 / 막스프리시
259 병자남한일기 / 나만갑
260 행복을 찾아서 / 파울 하이제
261 한국의 효사상 / 김익수
262 갈매기 조나단 / 리처드 바크
263 세계의 사진사 / 버먼트 뉴홀
264 환영(幻影) / 리처드 바크
265 농업 문화의 기원 / C. 사우어
266 젊은 체녀들 / 몽테를랑
267 국가론 / 스피노자
268 임진록 / 김기동 편
269 근사록 (상) / 주희
270 근사록 (하) / 주희
271 (속)한국근대문학사상 / 김윤식
272 로렌스 단편선 / 로렌스
273 노천명 수필집 / 노천명
274 콜롱바 / 메리메
275 한국의 연정담 / 박용구 편저
276 심현학 / 황산덕
277 한국 명창 열전 / 박경수
278 메리메 단편집 / 메리메
279 예언자 / 칼릴 지브란
280 충무공 일화 / 성동호
281 한국 사회풍속야사 / 임종국
282 행복한 죽음 / A. 까뮈
283 소학 신강 (내편) / 김종권
284 소학 신강 (외편) / 김종권
285 홍루몽 (1) / 우현민 역
286 홍루몽 (2) / 우현민 역
287 홍루몽 (3) / 우현민 역
288 홍루몽 (4) / 우현민 역
289 홍루몽 (5) / 우현민 역
290 홍루몽 (6) / 우현민 역
291 현대 한국시의 이해 / 김해성
292 이효석 단편집 / 이효석
293 현진건 단편집 / 현진건
294 채만식 단편집 / 채만식
295 삼국사기 (1) / 김종권 역
296 삼국사기 (2) / 김종권 역
297 삼국사기 (3) / 김종권 역
298 삼국사기 (4) / 김종권 역
299 삼국사기 (5) / 김종권 역
300 삼국사기 (6) / 김종권 역
301 민화란 무엇인가 / 임두빈 저
302 건초더미 속의 사랑 / 로렌스
303 야스퍼스의 철학 사상
　　/ C.F. 월레프